Friedrich Nippold

Der christliche Adel deutscher Nation

Mit besonderer Beziehung auf die deutsche Adelsgenossenschaft und das Adelsblatt

Friedrich Nippold

Der christliche Adel deutscher Nation
Mit besonderer Beziehung auf die deutsche Adelsgenossenschaft und das Adelsblatt

ISBN/EAN: 9783743680241

Hergestellt in Europa, USA, Kanada, Australien, Japan

Cover: Foto ©ninafisch / pixelio.de

Weitere Bücher finden Sie auf **www.hansebooks.com**

Der

christliche Adel deutscher Nation

Ein

Rückblick und Ausblick

auf seine

Vergangenheit und Zukunft

Mit besonderer Beziehung
auf die
deutsche Adelsgenossenschaft und das Adelsblatt

von

F. Nippold
Professor der Theologie in Jena

Berlin
Druck und Verlag von Georg Reimer
1893

Inhaltsverzeichniß.

I. Sendschreiben an den Herrn Grafen W. v. Wintzingerode-Bodenstein.

	Seite
Die Angriffe des Adelsblatts auf den ev. Bund und die Einwirkung dieser Angriffe auf die Adelsgenossenschaft . . .	3
Der Bodenstein als geschichtlicher Ausgangspunkt	5

Die Burg und der Burgfriede.
Eine adlige Familiengeschichte in ihrer typischen Bedeutung.
Rückblick und Ausblick.
Erneuerung von Luther's Appell an den christl. Adel deutscher Nation.

Der deutsche Adel im Mittelalter	9
Der deutsche Adel in der Reformationszeit	12
Der deutsche Adel im 30jährigen Kriege, in der Zeit des Pietismus und der Aufklärung	18
Der deutsche Adel als Vorkämpfer der Glaubensfreiheit . . .	20
Der polnische und französische Adel seit der Gegenreformation	24
Der Wiener Kongreß und seine Folgen für den Adel in Deutschland	27
Die Gerlach'schen Memoiren	30
Kleist-Retzow, Adel und Kirche	31

Die Deutsche Adelsgenossenschaft 32
  Die innere Berechtigung ihrer Begründung.
  Die Genossenschaft als ein Theil des deutschen Adels.
  Die Erklärung des Vorstandes über das apostolische Glaubensbekenntniß.
  Der Antrag auf Aberkennung des Adels.
  Die Bekämpfung der Zeitkrankheit der Nobilitierungssucht.

Das Adelsblatt 38
  Die Mainzer „Katholikenversammlung" an die Adresse des Adelsblattes.
  Der Artikel „Adel und Jesuiten".
  Die Gegenartikel in der Kreuzzeitung und in der Post.
Die geschichtliche Stellung des evang. Adels und die „Konvertiten" 45

Zwei Mainzer Kurfürsten auf dem Bodenstein 47
Präsident Hardenberg und Graf A. Adelmann 48
Die Erfüllung des irenischen Strebens der Adelsgenossenschaft im Altkatholicismus 51
Die schwarze und die rothe Internationale 55
Die fortdauernden Aufgaben des christl. Adels deutscher Nation für „des christl. Standes Besserung" 56

II. Die Jahrgänge 1889—1892 des Adelsblattes.

Der Unterschied der früheren und späteren Jahrgänge 59
  Kaiser Wilhelm I als „Begründer der großpreußischen Monarchie".
  Das gleichzeitige Erstarken des welfischen und ultramontanen Elements.
  Erklärung des Ehrenpräsidenten über das Adelsblatt.
  Geschäftliche Rücksicht auf die römisch-katholischen Abonnenten.
  Direkte Forderung dieser Rücksicht durch Herrn R. v. R. (Rochus v. Rochow).

	Seite
Der „Konvertiten" Standpunkt des Artikels „der Adel u. die römische Frage"	63
Unterstützung dieses Artikels im Namen „des evang. Theiles des Adels"	69
Die weiteren Forderungen von R. v. R. in: „die deutsch-konservative Partei und das schwarze Kartell"	72
Die Artikel über Kirchenreform an die Adresse der preußischen Generalsynode	75
Der Jahrgang 1889 im Allgemeinen	82
Der Jahrgang 1890 im Allgemeinen	83
Der Jahrgang 1891 im Allgemeinen	84
Der politische Mißbrauch des Apostolikums	85
Die principiellen Leitartikel des Jahrgangs 1892	87
Vor und nach der Entlassung des Grafen Zedlitz durch Kaiser Wilhelm II.	91
Das Mundtotmachen der Opposition gegen die Jesuitenartikel	98
Die fortgesetzten Angriffe auf den evang. Bund	102
Der von der Redaktion provocirte Vergleich zwischen den Artikeln für evangelische und für päpstliche Zwecke	105
Die völlige Ergebnißlosigkeit des Aufsuchens von Artikeln für evang. Liebeswerke	105

Die Artikel im päpstlichen Interesse.

Jahrgang 1890: „der Aufruf des kathol. Volksvereins und der kathol. Adel"	108
Jahrgang 1891: „der kathol. Adel und die öffentlichen Kundgebungen des kathol. Volkes"	110
Verzeichniß 6 anderer ähnlicher Artikel	116
Die „Organisation der kath. Liebesthätigkeit"	116
Jahrgang 1892	118

Empfehlung des Würzburger Julianums.
Janssen's Biographie von Graf F. L. Stolberg.
R. v. R., die französischen Monarchisten.
Johannisfeuer.

	Seite
Feier des 25jähr. Bestehens der schlesischen Malteser..	119

Der österr. Adel auf dem Katholikentage in Linz.
Die 25jähr. Jubelfeier der rhein=westph. Malteser.
Die christl. Staatsordnung und der Liberalismus.
Parlamente oder Berufskammern.
Die Artikel über Fürstbischof Kohn.
Die Artikel über das Wittenberger Fest und über Pfr. Oberlin.
Einweihungsfeier des Malteser=Kinderhospitals.
R. v. R., das konf. Parteiprogramm in ultr. Beleuchtung.
Die Rubrik „Blätter= und Bücherschau" und der Jesuit von Hammerstein.

Das Adelsblatt und der Verein katholischer Edelleute 123
Die ursprünglichen Bedenken des A.B.
R. v. R. Korrektur der Bedenken.
Das „freudige zu Diensten stehen".
Der Adelstag von 1891 und die Vereine katholischer Edelleute.
Herr v. Rochow in Breslau 1892.
Herr v. Rochow in Münster 1893.
Die Vereine katholischer Edelleute als Theil der Rubrik „Adelsgenossenschaft".
Die überlegene klerikale Taktik.

Der Anfang des Jahrgangs 1893 130
Die anerkennenswerthen Seiten des Adelsblattes.

Vorbemerkung.

Es sind zwei Ursachen zusammengetroffen, welche dem nachfolgenden — zunächst zu einer rein persönlich gehaltenen Denkschrift für den Präsidenten des evangelischen Bundes bestimmten — Sendschreiben eine allgemeinere Bedeutung zu geben schienen, und darum den Entschluß zur Veröffentlichung desselben gezeitigt haben. Das eine Motiv liegt in dem genaueren Studium der letzten Jahrgänge des Adelsblatts: als dem Gegenstück zu den im ersten Theile der kleinen Schrift gebotenen Auseinandersetzungen. Das Ergebniß dieser Studien hat sich dann zu einem besondern zweiten Theile gestaltet. Um vieles gewichtiger noch aber ist der andere Anlaß gewesen. Denn derselbe erwuchs aus den mächtigen Eindrücken, welche sowohl der Adressat wie der Briefschreiber von dem gottgesegneten 31. Oktober 1892 in Wittenberg mitnehmen durften.

In der erneuerten Stiftskirche sind die Großthaten der Reformation und ihrer Träger in den verschiedenen Ständen dem lebenden Geschlecht in ganz anderm Umfange vor die Augen gemalt, als in den Denkmälern einzelner noch so großer Persönlichkeiten. Neben den Reformatoren im engeren Sinne sind Fürsten und Reichsstädte,

Adel und Bürger in den Statuen und Wappen der Stifts=
kirche als ein geschlossenes Ganzes zur Darstellung gebracht
worden. Ueberdies sind im Festzuge gerade die sich zum
erneuerten Evangelium bekennenden adligen Familien schon
in der Gruppe des 14. Jahrhunderts lebensvoll vorgeführt
worden. Die schönen geschichtlichen Namen der Alvens=
leben, Asseburg, Bodenhausen, Eller=Eberstein, Graevenitz,
Hagen, Helldorf, Heynitz, Krosigk, Leipziger, Schlieben,
Trotha, Veltheim, Wuthenau haben fast ausnahmslos auch
für die Entwickelung der evangelischen Kirche die in den
folgenden Blättern dargelegte Bedeutung.

Aber es ist hier nicht der Ort zu eingehender Wür=
digung der nachhaltig einwirkenden Festfeier, die unser
Volk der unermüdlichen Initiative seines Kaisers zu danken
gehabt hat. Genug, daß in einer Zeit, wo die Gemüther
mit und ohne Grund vielfach bedrückt sind, jener Rückblick
in die Vergangenheit zugleich zu einem muthigen Ausblick
in die Zukunft hat werden dürfen. Gerade die evange=
lische Kirche hat besondern Grund zu diesem Vertrauen.
In echter Nachfolge ihres Herrn trägt sie in ihrer un=
scheinbaren Knechtsgestalt doch Kräfte in ihrem Schooße,
die hoch über das Gebiet hinausgehen, welches die Welt=
herrschaftsbestrebungen der päpstlichen Politik umspannen.

Jena, 1. Februar 1893.

F. N.

I. Sendschreiben

an den

Herrn

Grafen Wilko von Wintzingerode-Bodenstein

Vorsitzenden des Centralvorstandes des „Evangelischen Bundes zur Wahrung der deutsch-protestantischen Interessen".

Hochverehrter Herr Graf!

Wiederholt hat uns im Laufe der letzten Jahre die ernste Frage gemeinsam beschäftigt, über welche ich mir heute diese Zeilen an Sie zu richten gestatte, als an einen wohlberufenen Vertreter Ihrer Standesgenossen. Es sind ja nicht nur einige vereinzelte Artikel des „Deutschen Adelsblattes" gewesen, die unsere Aufmerksamkeit auf sich ziehen und unsere Betrübniß erregen mußten*). Es ist vielmehr

---

*) Bei genauerer Durchsicht der letzten vier Jahrgänge des A. B. bin ich sogar auf eine überraschend große Zahl solcher Artikel gestoßen, welche seitens des Kirchenregiments sämmtlicher evangelischer Kirchen die schärfste Zurückweisung herausfordern. Ueberdies fanden sich eine ganze Reihe von Angriffen auf den evangelischen Bund, ohne daß von seite des letzteren auch nur der geringste Anlaß zum Streite gegeben worden wäre: es sei denn, daß man die durch ihn erzielte innere Einigung und Kräftigung der evangelischen Kirche als genügenden Anlaß für jene Angriffe gelten lassen will. Für dies letztere könnte die interessante Thatsache sprechen, daß die Heftigkeit der Angriffe mit der zunehmenden Erstarkung des Bundes in gleichem Verhältnisse gewachsen ist. Andererseits stellen sich jedoch auch diese Artikel in einen allgemeineren Zusammenhang, welcher noch eine Reihe weiterer Aufsätze heranziehen ließ. Die Ueberfülle des in dieser Beziehung in Betracht kommenden Stoffes hat daher genöthigt, die quellenmäßigen Belege für die im Nachfolgenden der Oeffentlichkeit übergebene Beurtheilung in einem eigenen zweiten Theile dieser Schrift zusammenzufassen.

unverkennbar geworden, daß wir es mit einem förmlichen System zu thun haben, welches darauf hinauskommt, unseren deutsch=evangelischen Adel in ebenso undeutsche als unevangelische Wege zu leiten. Wir haben uns dabei niemals über diese Frage unterhalten, ohne zugleich, wie es unserer geschichtlichen Betrachtung geziemte, die Einzelerscheinung als ein Symptom allgemeinerer Verhältnisse aufzufassen. Denn die gegenwärtige Beeinflussung einflußreicher Kreise unseres protestantischen Adels von jesuitischer Seite mußte naturgemäß sowohl seiner Vergangenheit gegenübergestellt, als in ihren Folgen für die Zukunft untersucht werden. Es hat uns allerdings nichts ferner gelegen, als jene sich immer wieder erneuernden Tendenzartikel im Adelsblatt als Ausdruck der Gesinnung seiner Leser aufzufassen. Aber der fortgesetzte Einfluß einer solchen Lektüre besonders auf ländliche Kreise, bei denen so gut wie keine anders gerichteten Blätter im Gebrauch sind, durfte doch auch in diesem Fall ebensowenig unterschätzt werden, als etwa in andern gesellschaftlichen Schichten derjenige des Berliner Tageblattes. Dessenungeachtet hatte uns jedoch bisher stets der Hebel gefehlt, der es ermöglicht hätte, diese ernste Zukunftssorge in rechter Art anzufassen*).

Das ist nun anders geworden seit dem unvergeßlichen Besuche auf Ihrer alten Burg Bodenstein. Die Eindrücke, welche unser Freund Konsistorialrath Leuschner und ich von dort oben mitnahmen, sind derart gewichtig, daß sie, wie für manchen andern Punkt, so auch für diesen ein über-

---

*) In wie übermüthiger und höhnischer Weise die bescheidenen und vertrauten Hinweise auf das Bedenkliche des von dem literarischen Organe der Adelsgenossenschaft eingeschlagenen Weges aufgenommen und behandelt worden sind, wird ebenfalls im zweiten Theile zur Darstellung kommen.

raschendes Licht gewährt haben. Ich habe mich darum alsbald hingesetzt, um die Lehren, welche aus jenem geschichtlich geweihten Boden für uns erwuchsen, auch für Sie zu Papier zu bringen und Ihrer eignen Beurtheilung zu unterbreiten. Bin ich doch nicht der erste Historiker, der vom Bodenstein solche Eindrücke mitgebracht hat. Unter der Fülle der hochbedeutsamen Namen, welche in das Schloßalbum sich eingetragen haben, findet sich u. a. auch der unseres großen Geschichtsforschers Georg Waitz. Es ist sein Wort über den hohen Werth, welcher einer solchen Stätte für die geschichtliche Erkenntniß innewohnt, das meiner heutigen Betrachtung gewissermaßen als Motto vorschwebt.

Es würde Ihrem innersten Gefühl widerstreben, wollte ich Ihnen auch nur von ferne andeuten, was das jetzige Familienhaupt der Wintzingerode persönlich den Männern bietet, welchen Sie die Fahne „zur Wahrung der deutschprotestantischen Interessen" voranzutragen Sich haben bereit finden lassen. Aber von der altersgrauen und doch so jugendkräftigen Felsenburg darf es doch wohl bezeugt werden, wie sie uns auf Schritt und Tritt das Scheffel'sche Bild von der Wartburg in Erinnerung rief: als

... ein Werk aus Stein gedichtet
Und in den Berggrund quaderfest gesenkt.
Nun steht's für alle Zukunft aufgerichtet ...
Wahrzeichen fester Kraft und hoher Milde,
Dem Feind zum Trutz, dem Freund zu Hort und Schilde.

Gleich so manchen anderen Gästen des Bodenstein durften auch wir gerade dies letztere persönlich erfahren. Aber der mächtige Eindruck von den Schätzen der Burg mußte noch bedeutsam verstärkt werden durch den Einblick in die mehr als sechshundertjährige beglaubigte Geschichte

Ihres Geschlechts*). Auch die jüngste Arbeit Ihres gelehrten Vetters, des Freiherrn L. von Wintzingerode-Knorr, über die Reformation und Gegenreformation auf dem Eichsfelde**) trug nicht wenig dazu bei, uns in die bedeutsamsten Probleme unserer deutschen Geschichte hineinzuversetzen. Welch' erfreuliche Zahl von Feldherren und Kriegern, von Staatsmännern und Verwaltungsbeamten, deren Namen die allgemeine Geschichte in Ehren nennt, traten uns nicht in ihren zum Theil förmlich romanhaften Lebensgeschicken entgegen. Und neben ihnen die stillen, treuen Gutsherren, wie sie in ihrer Unabhängigkeit nach oben und unten das Rückgrat unseres Volkslebens bilden. Ganz besonders aber wurden wir immer auf's neue gefesselt durch die ebenso heldenhafte, als tragische Geschichte Ihres Geschlechts in der ersten von Mainz aus durchgeführten jesuitischen Gegenreformation. Denn wenn sogar heute noch auf dem Eichsfelde die den Wintzingerode, Westernhagen und Hanstein gehörigen Gebiete die einzigen Enklaven bilden, in welchen die Austilgung der Reformationskirche nicht gelang, so mußte uns dies unwillkürlich als typisch erscheinen für die Stellung des evangelisch-christlichen Adels deutscher Nation in unserer Geschichte. Seit den Tagen der Hutten, Sickingen, Schaumburg, Kronberg und so vieler ihrer edlen Genossen, in deren Kreis auch Ihre bekenntnißtreuen Ahnen sich stellen, zieht sich ja eine ununter-

---

*) Eberhard v. W., Stammbaum der Familie v. W. mit biographischen Erläuterungen, Göttingen 1848.

**) Die Kämpfe und Leiden der Evangelischen auf dem Eichsfelde während dreier Jahrhunderte. Heft I: Reformation und Gegenreformation bis zu dem Tode des Kurfürsten Daniel von Mainz (21. März 1582). Schriften des Vereins für Reformationsgeschichte Nr. 36. Halle 1892.

brochene Linie bis zu denjenigen des Freiherrn vom Stein
und des Herrn von Bismarck-Schönhausen.

Auf dem durch die Märtyrertreue geweihten Boden
wird jeder Rückblick auf die Vergangenheit zugleich zum
Ausblick auf die Zukunft. Gerade darum mußte nun aber
auch jene so durch und durch widergeschichtliche Tendenz,
über die wir uns früher so manches Mal anderswo unter-
hielten, sich an diesem Orte in ihrer ganzen Nichtigkeit
zeigen. Ist es doch nichts mehr und nichts weniger als
eine Tendenz, welche, statt sich den Aufgaben der Zukunft
klaren Blicks zuzuwenden, das trüb gewordene Auge ruhen
läßt auf dem Traumbild der Wiederherstellung einer ver-
schollenen und obendrein vielfach mißverstandenen Vergangenheit. Statt mit dem ruhigen, stetigen Sinn des
echten Konservatismus die ererbten geistigen Güter zu pflegen, giebt man sie einer fieberhaften Reaktion preis, die
an demagogischen Künsten mit der Revolution wetteifert.
Statt die deutsche Bibel schlicht und recht als Hort des
Hauses zu wahren, läßt man das Evangelium von einer
undeutschen Fabel- und Legendenwelt völlig verschütten.
Nur auf einer so ungeschichtlichen Grundlage ist es möglich gewesen, dem deutsch-evangelischen Adel die Unterstützung
der deutschfeindlichen Politik des von dem Spanier Loyola
begründeten Ordens (bzgsw. der auf die Zertrümmerung
des italienischen Nationalstaates gerichteten internationalen
Demagogie) als die aus seiner eigenen Vergangenheit erwachsene Aufgabe zu bezeichnen.

Vom religiösen, vom christlichen Standpunkte aus bedarf die Bemühung, die durch Christus Befreiten wieder
unter das knechtische Joch gefangen zu nehmen (Gal. 5, 1),
überhaupt nicht mehr einer Charakteristik. Alle diejenigen,
welche sich noch irgendwie das Recht des eigenen Gewissens

und der persönlichen Ueberzeugung gewahrt haben, müssen doch entsetzt davor zurückschrecken, sich gleich den französischen Legitimisten durch eine unfehlbare kirchliche Autorität gebieten zu lassen, aus dem Lager der Königstreue in das der Revolution zu desertiren. Drastischer als in unseren Tagen ist jener Gegensatz zwischen den Söhnen der Freien und den Söhnen der Magd, von dem schon Paulus redet, noch nie zu Tage getreten. Denn wie sagt der große Apostel?

„Es stehet geschrieben, daß Abraham zwei Söhne hatte, einen von der Magd, den andern von der Freien. Aber der von der Magd war, ist nach dem Fleisch geboren; der aber von der Freien ist durch die Verheißung geboren . . . . Gleich wie zu der Zeit, der nach dem Fleisch geboren war, verfolgte den, der nach dem Geist geboren war, also gehet es jetzt auch. Aber was spricht die Schrift? Stoßt die Magd hinaus mit ihrem Sohne; denn der Magd Sohn soll nicht erben mit dem Sohne der Freien. So sind wir nun, liebe Brüder, nicht der Magd Kinder, sondern der Freien." (Gal. 4, 22/3, 29/31.)

Zu dieser religiösen Mahnung gesellt sich jedoch für uns heute jene geschichtliche Predigt, die uns Theologen der Bodenstein hielt. Aus dem Genius des Ortes erwuchs den bis dahin hin- und herwogenden Gedanken die gefestete Form. Lassen Sie mich den Stabreim jenes Epos, welches aus Ihrer alten Burg vor uns aufstieg, festzuhalten versuchen! Denn es ist das große, geistige Erbe jenes gleichen christlichen Adels deutscher Nation, an welchen Luther's gewaltigste Schrift sich wendet, das sich für uns zu solchem Epos gestaltete.

Als Luther mit seinem herzergreifenden Appell an diesen Adel sich wandte, war es bereits ein viele Jahrhunderte altes Erbe, welches von demselben gewahrt wurde. Schon vor den Tagen der Salier und Staufer war der deutsche Adel der Führer in dem Unabhängigkeitskriege gegen die päpstlichen Unterjochungsgelüste gewesen. Nur von diesem Gesichtspunkte aus läßt der Gegensatz sich begreifen, den Papst Nikolaus I. mit den ersten auf die Fälschung Pseudo-Isidor's gestützten Bestrebungen im Episkopat des lotharingischen so gut wie des westfränkischen Reiches gefunden hat. Bei dem neuen Aufschwung des deutschen Volksthums seit Heinrich I steht ebenfalls ein Erzbischof an der Spitze, von welchem Hase die feinsinnige Charakteristik gegeben hat: „Kaiser Heinrichs jüngster Sohn Bruno, Erzbischof von Köln, der noch fuldeische (d. h. auf die — seit Bonifatius gewaltsam unterdrückte — papstfreie britische Missionskirche zurückgehende) Einwirkung in sich aufgenommen und in seinem ernsten christlichen Herzen neben den Reichsgeschäften Raum gefunden hat für die Andacht zu den Klassikern, war die Seele des Kaiserhofs." Aber auch die Vertheidigung Heinrich's IV. gegen die „Pfaffenkönige" ist in erster Reihe von jenen Bischöfen und Aebten geführt worden, die selber wieder obenan aus dem Adel sich rekrutirten. In noch höherem Grade sind dann die Anfänge Friedrich's I. durch den gleichen Rückhalt gedeckt. Seine nachmaligen Großthaten hat der selber dem Staufergeschlechte entsprossene Bischof Otto von Freising der Nachwelt zum Vorbilde hingestellt. Bei der Spaltung des Reichs zwischen Philipp von Schwaben und Otto IV. hat Walther von der Vogelweide das durch die schlaue Politik Innocenz' III. zerrissene Volk mit den ergreifendsten seiner Lieder zur Einigung gerufen. Die thatkräftigsten Genossen der Tafelrunde Ludwig's von Bayern haben gleich sehr den Gedanken der staatlichen Selbständigkeit und der Rechte des religiösen Individuums vertreten. Nach dem Niedergang der großen Konzilienreform hat Gregor von Heimburg den Rest ihrer Errungenschaften vor der welschen Tücke des Enea Sylvio zu retten gesucht. Es ist eine schlimme Einseitigkeit, daß die mittelalterliche Kirchengeschichte in Deutschland noch immer vorwiegend unter dem Gesichtspunkte des Gegensatzes von Papstthum und Kaiserthum betrachtet wird. Viel zu wenig kommen über diesem Machtkampfe die religiösen sowohl wie die Kulturideale zur Geltung. Und doch zeigt schon in Rom selbst die ganze Reihe der sogenannten Gegenpäpste, die sich um den siegreichen Gegner Gregor's VII., den ihm mindestens ebenbürtigen Clemens III., gruppirt, daß noch ganz andere Faktoren im Spiele sind. Den echtesten Typus des mittelalterlich-katholischen Lebensideals hat man dann wieder in Rom selber in jenem Arnold von Brescia erblickt, der während vierer Papstregierungen Herr in Rom blieb. In wie lehrreicher Parallele der Italiener Dante zu dem Deutschen Walther von der Vogelweide steht, kann keinem genaueren Beobachter entgehen. Bleiben wir aber heute auch nur auf deutschem Boden, und fragen wir uns, von welcher Speise die deutsche Volksseele während jener mehrhundertjährigen Kämpfe zwischen Staat und Kirche sich nährte, so kommen wir damit von selber auf ein Gebiet, das mit den pseudoisidorischen Machtansprüchen des Papstthums gleich wenig zu thun hat, wie mit den Eroberungszügen der deutschen Könige nach Italien. Vom Heliand und Krist bis zur imitatio Christi des Thomas von Kempen zieht sich eine lange Reihe von Betrachtungen über das Leben Jesu durch das ganze deutsche Mittelalter hindurch): eine wie die andere völlig unabhängig von dem Einfluß der päpstlichen Kurie*). Das der letzteren selber vorschwebende Ideal hat dem gegenüber wohl seinen treuesten Interpreten in dem dichterischen Freunde Gregor's VII., dem Erzbischof Alfanus von Salerno, gefunden. Von ihm stammt jenes glühende Kampfeslied, welches in den Scipionen, in Marius und Julius Cäsar die Vorbilder Gregor's in der Unterjochung der Barbaren aufweist: nur daß jene mit aller ihrer Heeresmacht nicht so viel erreicht hätten, als er durch das bloße Wort seines Bannes.

So wenig aber dieses Weltherrschaftsziel von den Nachfolgern Gregor's jemals aus dem Auge verloren wurde, so wenig hat es in Deutschland, und obenan in dem deutschen Adel, in irgend einer Zeit an Vertretern des entgegengesetzten nationalen Ideales gefehlt. Das Streben nach Unabhängigkeit des deutschen Volksthums von fremdländischer Sitte bildet nicht nur die grundlegende Tradition gerade unseres ältesten Stammesadels, sondern auch in allen seinen einzelnen Gliedern eine unzerreißbare Kette.

Wie die Reformation des 16. Jahrhunderts geschichtlich überhaupt nur zu verstehen ist als ein neues Einzelglied in der Kette der stetig neu aufgenommenen kirchlichen Reformbestrebungen der vorhergegangenen Jahrhunderte, so sah speziell der deutsche Adel in Luther's flammendem Wort nur seine eigene Sehnsucht zum Ausdruck gebracht. Die wirkliche Herrlichkeit unseres deutschen Mittelalters ist ganz wo anders zu suchen, als in der Knechtschaft unter das welsche Priesterkönigthum.

---

*) Die Nachweise dafür in meiner Schrift: Das Leben Jesu im Mittelalter. Bern 1884.

Aber wenden wir uns von den mittelalterlichen Propheten der Reformation zu dieser gewaltigen Zeit selber! Allem andern zuvor hebt sich hier doch der zukunftsreiche Bund zwischen Luther und Hutten heraus. Es gereicht durchaus nicht, wie es zuerst der Renegateneifer Jarcke's mißdeutete, Luther zur Unehre, wenn wir den Mönch bei der kühnen Motivirung seiner einschneidenden nationalen Reformvorschläge vielfach in den Fußtapfen des Ritters erblicken. Hutten selber aber spricht nur das Gleiche aus, was alle wirklich deutschfühlenden Männer jener Generation, die in ihrer ganzen Vollkraft gekennzeichnet zu haben das unläugbare Verdienst des „Prälaten" Janssen bleiben wird, gegenüber der verwelschten Kirche bewegte. Nur eine Generation von solcher Vollkraft der Vaterlandsliebe konnte die Reformation durchführen. Man braucht nur den im Katholicismus verbliebenen bayrischen Historiker Aventin zu lesen, um die damalige Stimmung des gesammten deutschen Volkes jener päpstlichen Politik gegenüber vor Augen zu haben, welche unsere edelsten Kaisergeschlechter in den Untergang getrieben und die mittelalterliche Blüthe unseres Kulturlebens zerstört hatte, um schließlich in ihrer Ablaßpredigt die deutschen Barbaren frivoler als jemals zu brandschatzen.

Nur der verhängnißvolle Umstand, daß der König von Spanien auch in seinem Nebenreich Deutschland seine spanische Politik trieb, hat es so sehr vergessen lassen können, daß nicht nur neun Zehntel, wie man bis zu Döllinger's genaueren Forschungen annahm, sondern neunzehn Zwanzigstel unseres Volkes von der Reformation ergriffen gewesen sind. Aber nur zu wahr ist darum auch das Wort Rothe's gewesen:

„Die eigentliche That Deutschlands ist so sehr die

Reformation, daß es sich an ihr für lange Zeit als Volk verblutet hat."

Den hochherzigen Fürsten, welche um ihrer deutschen Glaubenstreue willen den besten Theil ihres weltlichen Erbes eingebüßt haben, sind Reichsstädte und Reichsadel in den Opfern für das Evangelium vorangegangen. Nicht am wenigsten der Adel jener Gebiete, welche nachmals der jesuitischen „Bekehrung" verfielen. Unwillkürlich wandte unser Blick sich von dem von diesem Geschick zunächst betroffenen Eichsfelde vor allem auf jenes damals so echt deutsche Erzherzogthum Oesterreich, wo es nur noch eine päpstlich gesinnte Adelsfamilie gab, als Ferdinand II. auch dort mit den gleichen Maßnahmen begann, die bereits in Tyrol, Steiermark und Krain mit so tragischem Erfolge gekrönt worden waren. Aber schlimmer noch, als der Eichsfelder und der deutsch-österreichische, hat der alte böhmische Adel zu leiden gehabt, mit dessen Gütern jener neue Hofadel bereichert wurde, dessen Stammbäume gewöhnlich mit dem Raube des dreißigjährigen Krieges beginnen. Genau ebenso wie nach ihm Ludwig XIV. hat der gleiche Ferdinand II., der die Erfüllung seines Kaiserworts von dem Herrn über sein Gewissen in Rom abhängig machte, aus seinen Stammländern die besten Kräfte herausgestoßen. Dafür aber haben dann freilich auch die um des Glaubens willen arm gewordenen Exulanten — allein aus dem Adel sind es mehrere Tausende gewesen — den Ländern, die ihnen Zuflucht gewährten, einen ähnlichen moralischen Gewinn zugebracht, wie nachmals die französischen Refugiés.

Aber bleiben wir noch einen Augenblick bei den eigenen Erinnerungen jener Zeitwende stehen, in welcher Luther und Hutten sich zu einem die ganze Nachwelt beeinflussenden Bunde die Hand gereicht haben, wie wir ihn ähnlich nur bei Schiller und Goethe kennen! Für die Art des damaligen geschichtlichen Rückblickes läßt sich kaum etwas Bezeichnenderes denken als die ersten Drucke unserer deutschen Geschichtsquellen, bezw. die Stoffe, welchen dieselben sich in erster Reihe zugewandt haben. Auch in unserer eigenen Zeit hat freilich kaum ein anderes der vielen geflügelten Worte Bismarck's einen so allgemeinen Wiederhall gefunden, wie die — so bald schon durch die nachfolgenden Ereignissen Lügen gestrafte — Erklärung: „Wir gehen nicht nach Canossa". Aber es verdient gewiß besondere Beachtung, wie sehr die Scene von Canossa in jeder vaterländisch lebendigen Epoche auf unserem Volksgemüth gelastet hat. In keiner Zeitwende hat sich dies deutlicher bekundet, als in dem gleichen Geschlecht vor der Reformation, in welchem die Janssen'sche Geschichtsanschauung noch all das Herrliche vorfindet, welches durch die reformatorische Barbarei der Zerstörung entgegengeführt worden sein soll. Unter den durch die junge Buchdruckerkunst zum Gemeingut gemachten Geschichtsquellen steht obenan der Druck der Gesta Heinrici Quarti (einer zeitgenössischen Biographie des unglücklichen Königs). Er datirt aus dem Jahre 1508, der Druckort ist Straßburg. 1515 ist in demselben Straßburg die Ausgabe Otto's von Freising gefolgt, des schon genannten wichtigsten Geschichtschreibers der Hohenstaufenzeit. In Augsburg ließ 1518 der ebenfalls schon genannte Aventin abermals eine vita Heinrich's IV. erscheinen. In dem einen Jahre 1521 hat Graf Nuenar in Köln, das Haupt jenes Humanistenkreises, dem die Briefe der Dunkelmänner entstammen, eine Ausgabe Einharts, des Geschichtschreibers Karls des Großen, zum Druck befördert, und Sebastian von Rotenhan in Mainz diejenige des dem Ausgang der Karolingerzeit angehörigen Regino von Prüm. Das also jener Kreis Huttens, in dem es eine Freude zu leben war, in dem die Wissenschaften aufblühten! Die Nuenar und Rotenhan aber sind nur die Führer derselben deutschen Rittersleute gewesen, die unmittelbar nachher darin gewetteifert haben, dem gebannten Bauernsohn auf ihren Schlössern „Herbergen der Gerechtigkeit" zu bereiten. Bei einer solch' allgemeinen Stimmung unter seinen Standesgenossen kann es gar nicht mehr als etwas Besonderes erscheinen, wenn auch Hutten selber nicht nur den bereits vergessenen Laurentius Valla über die konstantinische Schenkung neu zu Wort kommen ließ, sondern ebenso den Bischof Walram von Naumburg, den tapfersten kirchlichen Vertheidiger Heinrich's IV. Aber auch die auf diese Weise von drei Seiten zugleich bekundete Erscheinung, daß der kaiserliche Büßer von Kanossa so mit einem Male allerorten vor die Augen der Nachwelt gerückt wurde, ist selbst nur wieder eine von vielen parallelen Thatsachen. Gleichzeitig sind u. A. auch die antipäpstlichen Streitschriften aus dem Kreise Ludwig's des Bayern zusammen herausgegeben. Und die denkwürdigste Sammlung der seit so vielen Jahrzehnten stets neu wiederholten Beschwerden der deutschen Nation gegen die römische Kurie hat den gleichen Ortwin Gratius zum Urheber, der zum Adressaten der Briefe der Dunkelmänner gewählt worden war*).

---

*) Daß dieses unleugbare Verdienst des Ortwin Gratius erneute Beachtung gefunden hat, verdankt die reformationsgeschichtliche Forschung der (Herrn von Reichling gewidmeten) Reichling'schen „Rettung" desselben. Für die unbefangene Geschichtsforschung hatten freilich schon lange vorher Gelehrte wie Schroeckh und Karl Krafft zwischen dem wirklichen Ortwin und der Karrikatur der Dunkelmännerbriefe unterscheiden gelehrt. Eine noch vollständigere kritische Sammlung der die Nürnberger Gravamina umrahmenden ähnlichen Beschwerden

Wenn ich Ihnen heute statt rascher Aphorismen eine quellenmäßige historische Abhandlung unterbreiten dürfte, so wäre es hier gewiß nicht minder am Platze, den wirklichen Sinn des Speyerer Reichstagsbeschlusses von 1526 über die religiöse Selbstbestimmung der Einzelstände in Verbindung zu bringen mit dem Ursprung des weltlichen Summepiskopats und Patronats. Es würde diese Aufgabe sogar einen besonderen Reiz für mich bieten, da die „moralische Potenz" des Kirchenpatronats, wie sie sich in kirchentreuen Händen gestaltet, mir zuerst in Ihrer persönlichen Thätigkeit entgegengetreten ist. Denn neben den letzten auf Ihrem Bodenstein empfangenen Anlässen zu diesem Sendschreiben leitet mich auch heute noch eine andere, um vieles ältere Erinnerung: die an unsere mir unvergeßliche erste Begegnung im Jahre 1869 und an das, was ich gleich damals von Ihnen habe lernen dürfen. Mit dem Studium der „Wege nach Rom" beschäftigt, hatte ich u. A. eine ganze Reihe von Kirchenpatronen kennen gelernt, die trotz des offenen oder geheimen Uebertritts, und obgleich ersichtlich selber nur Werkzeuge für eine echt jesuitische Bekämpfung unserer Kirche, dessen ungeachtet das Recht der Besetzung evangelischer Pfarr- und Schulstellen zu beanspruchen fortfuhren. Besonders grelle Fälle derart hatten kurz vorher im Königreich Sachsen und im Großherzogthum Hessen gespielt, dessen erste Kammer zudem in jener Zeit dem Ketteler'schen Einfluß fast völlig verfallen schien. Aber selbst bis nach Pommern und Mecklen-

findet sich in dem Nachlasse des gelehrtesten neueren Kenners des Humanismus, Dr. Weinkauff in Köln. Mit Bezug auf die im Texte angeführten Daten mag es jedoch einstweilen genügen, auf die ergreifende Einleitung von Wattenbach's klassischem Werk über Deutschlands Geschichtsquellen im Mittelalter hinzuweisen.

burg fehlte es nicht an derartigen Beispielen. So lag mir damals kaum eine Schlußfolgerung näher, als die Nothwendigkeit, mit dem Kirchenpatronat überhaupt zu brechen, wenn unsere Kirche zu freier Entfaltung ihrer reichen, aber brachliegenden Kräfte gelangen solle. Dieser jugendlichen Annahme sind Sie damals mit überlegenen Gründen entgegengetreten. Aber es ist mir schon damals eine rechte Freude gewesen, daß Sie das derselben zu Grunde liegende Motiv erkannt hatten. In diesem Motiv, in der gemeinsamen Liebe zu unserer Kirche haben wir uns bei der Begründung unseres evangelischen Bundes wieder zusammengefunden.

Wie ich durch Sie das typische Bild des Kirchenpatrons, wie er sein soll, achten gelernt habe und dasselbe seither für unsere Kirche nicht nur zu erhalten, sondern noch fruchtbarer zu machen wünsche, so hat mich das fortgesetzte Studium der Reformationskirchen stets mehr erkennen lassen, daß nicht nur die evangelisch gesinnten Fürsten, sondern auch Adel und Reichsstädte in der That ein höheres kirchliches Ideal in sich trugen als jene verweltlichten Bischöfe, die sich genau ebenso wie ihr Oberkollege in Rom zunächst als weltliche Fürsten fühlten und gaben. Aber ein flüchtiges Sendschreiben gestattet höchstens den Finger auf diejenigen Punkte zu legen, in welchen die übliche Auffassung des selbstzufriedenen Philisterthums dringend einer Ergänzung bedarf. Und mit Bezug auf unseren deutschen Adel gilt dies von der Zeit nach der Reformation in noch höherem Grade, als von dem Rückblick jener großen Zeit auf das germanische Mittelalter.

Es muß endlich einmal klar zum Ausdruck gebracht werden, daß die schlaue jesuitische Umwerbung unseres Adels nicht möglich gewesen wäre, wenn die herkömmliche Geschichtsdarstellung nicht ein schweres Unrecht an diesem Adel begangen hätte. Auch dieses Unrecht läßt sich allerdings selbst wieder geschichtlich erklären. Denn es ist und bleibt eben doch die gesammte unnatürliche Lage unseres Vaterlandes seit dem Wiener Kongreß, aus der jene erregte Oppositionsstimmung hervorging: wie gegen die Fürsten, die über ihrer persönlichen Legitimität das höchste nationale Recht jedes Volkes zu vergessen schienen, so gegen einen Adel, den man nur noch als Hofadel, als Hofschranzenthum kannte. Aber wie gewöhnlich hat auch hier das eine Extrem das andere hervorgerufen. Es ist hohe Zeit, das begangene Unrecht gut zu machen.

Mit Bezug auf die allgemeine geschichtliche Entwickelung muß die Lösung dieser Aufgabe befugteren Händen überlassen werden. Bereits hat ja auch Treitschke auf manchen bisher übersehenen Punkt hingewiesen. Aber wenigstens hinsichtlich der Kirchengeschichte mag es einmal mit aller Bestimmtheit betont werden, daß es viel zu wenig bekannt, beziehungsweise anerkannt ist, was gerade die evangelische Kirche jenem Adel verdankt, der Gut und Blut für sie zum Opfer gebracht hat, während den Renegaten die reichste Belohnung gewiß war. Handelt es sich doch dabei einfach um die führende Stellung: in den Zeiten schwerster nationaler Bedrängniß so gut, wie in denjenigen eines erst von wenigen Zeitgenossen verspürten neuen reformatorischen Aufschwungs. Daß in den Nöthen des dreißigjährigen Krieges nicht alle Zukunftshoffnung verloren ging, wem verdanken wir es mehr als dem unvergeßlichen Bernhard von Weimar und den anderen edlen deutschen

Genossen des schwedischen Königs? In den Tagen des Pietismus und der Brüdergemeinde aber hat, genau ebenso, wie in denjenigen der Aufklärung und der pädagogischen Philanthropie, der evangelisch-christliche Adel in einer völlig ungeahnten Weise im Vordertreffen gestanden*).

Wie bezeichnend für die Epoche Spener's und Francke's, Christian Thomasius' und Gottfried Arnold's ist nicht die grundgelehrte Geschichte des Lutherthums von jenem edlen Freiherrn Veit Ludwig von Seckendorff, welcher den Janssen jener Tage (sie hießen Maimbourg und Barillas) die erste aus den Archiven geschöpfte Geschichte der Reformation gegenübergestellt hat! Wie typisch erscheinen nicht Zinzendorf's Bestrebungen für weite Kreise seiner Standesgenossen, von den Ebenen Sachsens bis hoch in die Schweizer Berge hinauf! Die ihm besonders eng befreundete Reußische Familie steht zugleich ebenso wie die anderen thüringischen Fürsten- und Adelsgeschlechter mit den Jenenser Theologen Buddens und Walch in eifrigem Verkehr über ihre gemeinsamen irenischen Interessen. Und wenn wir die vom Pietismus zur Aufklärung führende Linie weiter verfolgen, so stellen sich alsbald wieder Anhalt und Braunschweig, Lippe-Detmold und Baden-Durlach nebeneinander, wo überall edle, noch heute an Ort und Stelle unvergessene Fürsten die Begeisterung für eine allgemeine und allseitige Menschenbildung

---

*) Da wir uns hier leider bei allen diesen Punkten wieder auf dürftigste Andeutungen beschränken müssen, so darf ich zur Ergänzung wohl auf den ersten Band meines Handbuchs (Einleitung in die Kirchengeschichte des 19. Jahrhunderts) verweisen, welcher der Geschichtskonstruktion à la Janssen den durchgängigen Vergleich der gesammten nachreformatorischen Gestaltung der Dinge in den Ländern der Reformation und der Gegenreformation gegenübergestellt hat. Vgl. dort beispielsweise S. 151, 155 56, 187, 368, 369, 545.

angefacht haben. Lange genug sind über dem politischen Verhängniß der Kleinstaaterei die großen kulturellen Verdienste vergessen, von welchen fast jede einzelne Residenz Zeugniß ablegt. Es gilt auch hier durchweg jene Erinnerungen neu zu beleben, wie sie Häusser für Badens Karl Friedrich geweckt hat.

Allerdings legen schon diese letzten Beispiele es Ihnen nahe genug, daß der geschichtliche Begriff des Adels, von dem ich als Historiker ausgehe, ein etwas höherer ist als derjenige der Artikelschreiber des Adelsblatts. Ueberdies ist jeder der vorgenannten kleinen Höfe zugleich der Mittelpunkt eines von denselben hohen Idealen erfüllten Adelskreises gewesen. Kaum braucht es nach alledem noch des Hinweises auf das Weimar Karl August's, um die eng geschlossene Linie führender Geister von der Reformation des 16. Jahrhunderts bis zu der klassischen Dichterperiode des 18. als eine stetig erneuerte erkennen zu lassen.

Aber unser Rückblick wäre trotz alledem unvollständig, wenn wir nicht an die Spitze derer, welche in jeder großen Zeit den über sie hinausführenden Zukunftsgedanken Bahn brachen, diejenigen stellten, welche das Princip der Glaubensverfolgung durch das der Glaubensfreiheit ersetzt haben. Nur langsam und unter schweren Hemmnissen hat auch innerhalb der jungen Kirchen, welche das böseste Erbe der Papstkirche noch lange mit sich herumgeschleppt haben, der (selber noch lange Zeit durchaus inkonsequente) Gedanke der Toleranz Raum gewonnen. Es bleibt der schönste Ruhm Philipp's von Hessen, daß er auch die Gegner der Kindertaufe nicht durch Todesurtheile zu widerlegen getrachtet hat. Aber wir müssen auch hier wieder Fürsten und Adel zusamenfassen und fragen: wie wäre Schwenkfeld, der von allen Kirchen gleich sehr verfolgte, weil jeder auf abgegrenzte Formen beschränkten Frömmigkeit allzufromme Schwenkfeld, dem Loose Servet's und Seb. Frank's entgangen ohne die Hülfe zahlreicher Standesgenossen? Die Beschützer der verfolgten Ketzer haben keinen geringeren Anspruch auf einen Ehrenplatz in der Ruhmeshalle der Religionsgeschichte, als die Märtyrer selber. Der erneuerte Jesuitismus hat den Ersatz dafür, daß er die Andersgläubigen nicht mehr des Lebens berauben kann, in der ausnahmslosen Besudelung aller jener führenden Geister gefunden: sie heißen Wilhelm von Oranien oder Elisabeth von England, Gustav Adolf von Schweden oder Friedrich Wilhelm von Brandenburg, Friedrich II oder Joseph II oder Clemens XIV, Lessing oder Goethe, Kant oder Luther. Aber die von jeder infallibilistischen Versuchung freigewordene, allseitig unbefangene Religionsgeschichte bewährt sich auch hier als der Brennpunkt der gesammten Kulturgeschichte. Noch heute segnen die Landschaften, welche den um des Glaubens willen Verfolgten zum Asyl werden durften, die Namen derer, welche damit zugleich ihre eigene Blüthe begründeten, wie die Grafen von Wied, von Jsenburg-Büdingen und -Berleburg. Es sind abermals lauter echte Vertreter des christlichen Adels deutscher Nation, und gerade als solche haben sie zugleich an der Spitze des geschichtlichen Fortschritts gestanden. Brauche ich es noch beizufügen, daß sie dies darum geworden sind, weil sie ihren Einzelstand nicht vom Volksleben losgelöst, weil sie nach oben und nach unten gleich sehr mit der eigenen Selbständigkeit zugleich das Recht Anderer zur Geltung gebracht haben?

Aber ich bin noch nicht fertig mit dieser Seite unserer Betrachtung. Denn neben Neuwied stellt sich uns nun sofort wieder Krefeld, die Stadt der nationalökonomisch so

bedeutsam gewordenen Industrie, welche die dort ihre
Zuflucht findenden Mennoniten hinbrachten. Die ein=
zelne Stadt aber hätte dies nicht vermocht, wenn sie nicht
selbst eine stärkere Stütze gehabt hätte: in dem reckenhaften
Fürstengeschlecht, welches in den Dienst des Staatsgedan=
kens sich stellte, statt den Staat im Fürsten aufgehen zu
lassen. Es dürfte sich schon längst gelohnt haben, die
Geschichte des Hohenzollernhauses einmal nicht blos vom
brandenburgischen, sondern zugleich vom bergisch=märkischen,
vom jülich=cleve'schen Sehwinkel aus zu verfolgen. Erst
von hier aus gewinnen Gestalten, wie die der Kurfürsten
Johann Sigmund und Friedrich Wilhelm, und nicht am
wenigsten die des thatkräftigen Königs Friedrich Wilhelm I.
ihr volles Verständniß. Die Sparenburg Bielefeld's, in
deren Umkreis Herr von Bodelschwingh seine großartigen
Anstalten hineingebaut hat, hat in den Tagen des großen
Kurfürsten wiederholt den edelsten Theil des deutschen Adels
in ihren Mauern gesehen. Der stramme Soldatenkönig
ist wiederholt der Gast der „wehrlosen" Taufgesinnten in
Krefeld gewesen. Nirgends giebt es überhaupt ergreifen=
dere Bilder aus der Zeit des Werdens von „Gewissens=
freiheit und Duldung", als in der „spanischen Ecke".

Mit der unübertroffenen Virtuosität der Jesuiten in der
Reklame hat man uns neuerdings von den Verdiensten des
Ordens um den Erwerb der preußischen Königskrone zu
erzählen gewußt, ja sogar den großen Friedrich, weil er
aus der Noth eine Tugend zu machen verstand und über=
dies seinen liberalen Philosophensinn in der Vertheidigung
der von dem Papste für immer aufgehobenen Gesellschaft be=
kundete, in die Reihe ihrer himmlischen Patrone erhoben*).

---

*) Die Lieber'schen Redekünste haben übrigens das große Ver=
dienst zu beanspruchen, die gediegenen Untersuchungen Dr. Witte's

Aber giebt es einen grelleren Gegensatz als zwischen der unwürdigen Anpreisung jenes Ordens, der die Gewissensknechtschaft und die Unduldsamkeit auf die Spitze getrieben hat, und zwischen dem thatkräftig durchgeführten Prinzip, daß im preußischen Staate ein jeder nach seiner Façon selig werden solle? Beziehungsweise der den uns fremd gewordenen Sprachgebrauch des 18. Jahrhunderts in das Deutsch unserer Zeit übertragenden Wittenberger Definition Kaiser Friedrich's von den „Segnungen der Reformation" als „Gewissensfreiheit und Duldung". An der ganzen großartigen Bahn aber, die vom alten Fritz Preußens bis zu dem ersten Kaiser und dem ersten Kronprinzen des erneuerten deutschen Reiches geführt hat, hat zugleich der Adel des Landes seinen rechtschaffenen Antheil. Oder wie wollten wir den großen Kurfürsten, wie die Könige Friedrich Wilhelm I. und Friedrich II., wie obenan den großen Kaiser Wilhelm als geschichtliche Gestalten uns vorstellen, ohne ihre Paladine, ohne ihre von den gleichen Idealen erfüllten adligen Genossen? Eine ganz besondere Verklärung aber ruht für uns doch auf dem Bilde des Edelsten der Edeln, welcher jenes gewichtigste Erbtheil des christlichen Adels deutscher Nation zugleich als das eigene Erbgut für die deutsche Kaiserkrone erkannte. Lassen Sie uns darum, bevor wir zu einer unerfreulicheren Seite unserer Aufgabe uns wenden, noch einen kurzen Moment bei diesem Andenken an Kaiser Friedrich verweilen!

Woher stammt es doch, daß auch in denjenigen Volksschichten, welche dem kirchlichen Christenthum sich unheilbar entfremdeten, dennoch, ob sie es ahnen oder nicht, das

über Friedrich den Großen und die Jesuiten und Dr. Fey's über den Antheil der Jesuiten an dem Erwerb der preußischen Königskrone veranlaßt zu haben.

Kreuz unseres Herrn die einzig genügende Lösung der Lebensräthsel geblieben ist? daß die „Kreuzträger" so recht als die Lieblinge der Menschheit, die Erwählten der Gottheit erscheinen? In Zukunft wird gewiß wohl Niemand von „Gewissensfreiheit und Duldung als den Segnungen der Reformation" reden, ohne „Unseres Fritz" zu gedenken: in Wehmuth, daß uns Gott ihn genommen, in Dank, daß er ihn uns gegeben. Wie unser großer Kaiser Wilhelm sich auch in den schwersten Wendepunkten seines Lebens des Segens der Dulderkönigin Luise bewußt sein durfte, so erflehen wir heute für die Regierung seines Enkels den Segen des Helden, der leiden ohne zu klagen gelehrt hat. In der Berechtigung zu solcher Empfindung aber wissen wir uns zugleich eins mit dem Volke, dessen Geschicke denen des unsrigen so merkwürdig verwandt waren. Die Superga bei Turin und die Grabeskirche in Charlottenburg sind ähnlich geweihte Stätten für das geeinigte Italien und das einige Deutschland. Die durch so viele Jahrhunderte hindurchgehenden Parallelen in der Geschichte der Häuser Hohenzollern und Savoyen gipfeln in dem Martyrium dort der Königin Luise, hier des Königs Karl Albert.

So hat uns denn die Geschichte des deutschen Adels, dessen geschichtlich bedeutsamste Vertreter stets wieder unter die Fahne des Fürstengeschlechtes sich stellten, welches das alte deutsche Kaiserthum zu erneuern berufen war, von selber bis zu dem Höhepunkt unserer nationalen Einigung geführt. Denn gerade auf dem Wege zu diesem Ziele erblicken wir zahlreiche Ahnen unserer evangelischen Adelsgeschlechter als Vorkämpfer der Zukunft: als Vorbilder des

Gottvertrauens, der Zuversicht, der Gewissensfreiheit. Dessen ungeachtet bleibt ja nun freilich auch das wahr, worauf ich vorher schon hindeutete, daß jenes schiefe Bild, welches heute so weite Kreise des deutschen Bürgerthums adelsfeindlich gemacht hat, ebenfalls nicht ohne historische Grundlage ist. Aber dieselbe ist in oberster Reihe nun eben nicht in den Ländern der Reformation, sondern in denen der Gegenreformation zu suchen. Giebt es doch kaum irgendwo größere Kontraste als zwischen der Geschichte derjenigen Länder, deren Adel sich und sein Volk durch seine Knechtschaft unter den Jesuitenorden zu Grunde gerichtet hat, und zwischen der Entwickelung derjenigen Staaten, welche in ihrem Adel ein unveräußerliches Gut des Volkslebens hochhalten, weil er ihnen die Segnungen der Reformation retten half*). Was die polnischen Schlachtschitzen zu Wege

---

*) Gerade wegen der vielfachen Artikel im Adelsblatt, die Seitens jedes gläubigen evangelischen Christen die schärfste Zurückweisung fordern, notiren wir hier doppelt gerne, daß der im Text betonte Gegensatz zwischen der Geschichte des englischen und französischen Adels auch im Adelsblatt, wenigstens in dem etwas älteren Jahrgang 1889, betont worden ist. Vgl. die Artikel „Der sittliche Verfall des französischen Adels als abschreckendes Beispiel" Nr. 1 S. 1 ff. und „Neuer Adelsspiegel" Nr. 45 S. 757. An letzterer Stelle findet sich dieser Gegensatz sogar auf die gleichen Ursachen, bzgw. auf die gleichen Folgen der Reformation zurückgeführt: „Daß der Adel stets und überall seine historische Stellung einbüßt, wenn ihm das Bewußtsein seiner öffentlichen Aufgaben und das Verständniß für seine höheren Pflichten verloren geht, das beweist aufs deutlichste der alte französische Adel, der, anstatt die Gemeinfreiheit als seine Basis und das Bürgerthum als seinen jüngeren Bruder zu betrachten, sich hochmüthig über die andern Stände erhob und mit der Freiheit des Volkes natürlich auch seine eigenen verlor . . . . Wie ganz anders der englische Adel, der, weil er das Adelsrecht stets auch als ein politisches Recht betrachtet und sein Vorrecht in dem

gebracht haben, und was dafür aus ihnen selber geworden ist, haben die Denkwürdigkeiten des verdienstvollen Feldmarschalls von Boyen — dieses echt deutschen Edelmannes — mit gründlichster Sachkenntniß und mit flammenden Worten geschildert. Umgekehrt aber bedarf es nur des einfachen Hinweises auf die gesellschaftliche Stellung des englisch-schottischen Adels, um seine deutschen Standesgenossen an ein wahrhaft beneidenswerthes Geschick zu erinnern. Haben wir jedoch nicht den gleichen Gegensatz noch näher, wenn wir dem von der Natur so hoch begünstigten Oesterreich, das trotz (oder wohl richtiger wegen) der Erziehung seines Adels in den Jesuitengymnasien von Kaltsburg, Feldkirch u. s. w. von seiner Höhe so jählings herabgestürzt wurde, unsere Mark Brandenburg gegenüberstellen, „des heiligen Römischen Reiches Streusandbüchse"? Und fast noch lehrreicher ist der Vergleich jener kraftvollen märkischen Adelsgeschlechter, welche den Hohenzollern den preußischen Staat und das deutsche Reich schmieden halfen, an der Hoheit des protestantischen Staatsgedankens sich selber erhebend, mit dem Höflingsadel der geistlichen Fürstenthümer, dessen bequeme Einnahmen auf den für die Stimmabgabe bei den Bischofs-Wahlen an die Mitglieder der Domkapitel zu bezahlenden Preisen beruhten!

Mehr als jedes andere Land aber kommt hier doch das klassische Land der Gegenreformation in Betracht. Unter den Ursachen der französischen Revolution stehen allerdings die Sünden der Kirche in vorderster Reihe. Aber neben ihnen diejenigen des Adels. Der hochherzige Entschluß der berühmten Augustnacht konnte nicht aus-

Ehrendienst an Staat und Korporation gefunden hatte, seine Stellung und seinen Einfluß bis heute bewahrt hat."

reichen, um diese Vorgeschichte der „Jacquerie" vergessen zu lassen. Tocqueville's, Sybel's und Taine's Forschungen aus der französischen Provinzialgeschichte haben ein überreiches Material aus dieser Vorgeschichte zusammengetragen. Aber man braucht im Grunde nur Dickens' Gegenüberstellung von London und Paris in den „Zwei Städten" zu kennen, um die Handlungsweise der vorrevolutionären Seigneurs lebendig vor Augen zu haben. Wollte doch jeder dieser Seigneurs den König des „L'état c'est moi" in seinem Bereiche nachahmen! War doch das Bewußtsein der öffentlichen Pflicht völlig hinter den Ansprüchen auf Prärogative zurückgetreten! Welcher Kontrast mit dem unter den pflichtbewußten Hohenzollern geschulten Adel, der in der mühsamen Arbeit auf heimischer Scholle die alten Traditionen treuer Pflichterfüllung aufrecht erhielt!

Aber es bedarf eben doch nur der Erinnerung an die mehrhundertjährige Vorherrschaft Frankreichs, um die Rückwirkung davon sowohl auf die Stellung wie auf die Beurtheilung auch des deutschen Adels begreiflich erscheinen zu lassen. Je mehr die innere Bedeutung sank, desto weniger ist es zu verwundern, daß die geschichtliche Betrachtungsweise eine vorwiegend ungünstige wurde. So ist es denn wieder nur ein leicht verständlicher Rückschlag hiergegen gewesen, wenn nunmehr in den Adelskreisen selber sich Anschauungsweisen Geltung verschafft haben, welche die rüstige Entfaltung der gesunden Kräfte in einem Stande, der den höchsten Werth darauf legt und legen muß, an den guten alten Traditionen festzuhalten, zu lähmen drohen.

Wir kommen damit endlich auf den ersten Anlaß zu diesem Briefe zurück. Aber noch jetzt wird es mir nicht

leicht, von dem Blick auf eine große Vergangenheit herab=
zusteigen zu dem kleinlichen Mißbrauch, dem dieselbe heute
ausgesetzt ist. Handelt es sich doch gewissermaßen um
einen Sprung von dem Erhabenen ins Triviale. Kaum
ist ein größerer Gegensatz denkbar, als zwischen jener wahr=
haft geschichtlichen Stellung unseres Adels, die wir bisher
ununterbrochen vor Augen gehabt haben, und zwischen der=
jenigen Tendenz, welche in den schon im Anfang geken=
zeichneten Artikeln des Adelsblattes sich breit macht. Um
so weniger läßt dagegen die Parallele zwischen dieser letz=
teren Auffassung des Adels und dem vorher betrachteten
adelsfeindlichen Geschichtsbilde sich abweisen. Denn in
dem einen wie in dem andern Falle kommen wir, falls wir
es uns überhaupt angelegen sein lassen, das, was uns gegen=
wärtig entgegentritt, bis auf seine Wurzeln zu verfolgen, auf
die verhängnißvolle Zeit nach dem Wiener Kongreß zurück.

Ich wies bereits oben darauf hin, aus welchen Grün=
den die von den widernatürlichen Bestimmungen dieses
Kongresses beeinflußte Generation zu einer so ungünstigen
Beurtheilung des Adels gekommen ist. Die gleiche Zeit
hat aber nicht minder ungünstig auf die eigene Entwicke=
lung des Adels eingewirkt. Die nunmehrigen Leiter der
deutschen Staaten waren nicht mehr, wie in der aufstre=
benden Zeit vor der französischen Revolution, von den
großen Gedanken der deutschen Vergangenheit getragen,
sondern von einer aus der Fremde importirten widerge=
schichtlichen Romantik. Die völkerbeglückenden Bestrebun=
gen des Fridericianismus und Josephinismus galten nun=
mehr als anrüchig. Die gleiche Aufklärung, welche durch
die Schreckenshorden der Revolution um ihre besten Früchte
gebracht worden war, sollte in keckster Umkehr der Wissen=
schaft als die Mutter der Revolution hingestellt werden.

An ihre Stelle ist die „Restauration der Staatswissen=
schaften" getreten, mit dem Mittelpunkte der Restauration
von Papstthum und Jesuitenorden. Zahlreiche Damen und
Herren sind unter dem Einfluß dieser Restauration die Wege
nach Rom gewandert. Aber auch da, wo es nicht zum Ueber=
tritt zur Papstkirche kam, wurde, wie zum Ersatz dafür, auf
evangelischen Boden ein Hochkirchenthum übertragen, ebenso
unevangelisch in seinem Ursprung wie unprotestantisch in
seiner Haltung. Und statt der nationalen vaterländischen
Aspirationen finden wir in dem einen wie in dem andern
Lager den gleichen Anschluß an die internationale Dema=
gogie der Jünger Loyola's.

Den uns heute spezieller beschäftigenden Erscheinun=
gen in diesem Theile unseres Adels stehen überdies eine
Reihe von Parallelen in anderen Kreisen zur Seite.
Auch diese letzteren nehmen eine viel ernstere Beachtung
in Anspruch, als sie bis dahin gefunden haben. Gerade
jene evangelischen Edelleute, die der Sirenenstimme der
Jesuiten zu lauschen geneigt sind, sollten immer wieder vor
die Frage gestellt werden: Seht ihr denn nicht, daß ihr
euch damit zu Dienern einer Sache macht, die anderswo
Bestrebungen zeitigt, die euch nichts weniger wie sym=
pathisch sein können? Die Beeinflussung der staatlichen
Rechtsprechung durch die Konsequenzen des kirchlichen
Staatsstreichs von 1870, die Terrorisirung des deutschen
Verlags= und Sortimentsbuchhandels durch die materielle
Macht der Jesuitengönner, sie führen sich auf die gleiche
Quelle zurück wie die berufenen Artikel des Adelsblattes.
Ja, aus jeder einzelnen gesellschaftlichen Schicht, aus den
mannigfachsten Berufsarten treten uns die gleichen Symp=
tome entgegen, welche bis dahin nur in den Ländern der
Gegenreformation verspürbar gewesen waren.

Neben den verwandten Symptomen der jüngsten Vergangenheit dürfen wir ferner die Vorläufer der uns in einem Theile des heutigen Adels entgegentretenden Tendenz innerhalb dieses Standes selber nicht ignoriren. Aus vielen ähnlichen greife ich daher wenigstens zwei besonders charakteristische literarische Erscheinungen heraus. Der Herausgeber der Gerlach'schen Memoiren hat wohl schwerlich geahnt, was er dem Andenken seines Helden damit angethan hat, daß er in seinem Vorwort als den eigentlichen Lehrer der beiden Brüder Gerlach den Berner Karl Ludwig von Haller aufs Piedestal stellte. Ist doch dieser Haller nicht nur das Vorbild aller jener geheimen Konvertiten gewesen, die nach der Abschwörung ihres väterlichen Glaubens dem Scheine nach noch in der evangelischen Kirche verblieben, um sie auf diese Weise um so gründlicher schädigen zu können, sondern er ist auch geradezu nach Entlarvung seines Betrugs aus dem Berner großen Rathe als Eidbrüchiger ausgestoßen. Von dem Juristen Ludwig von Gerlach, dessen kirchenpolitisches Debut in einer von Herrn von Treitschke als ehrenrührig bezeichneten Handlung und dessen Schlußakt in der Hospitantenstellung beim Centrum bestand, war es allerdings zur Genüge bekannt, daß er sich stets als Schüler Haller's gefühlt und u. a. schon vor 1847 bei den schweizerischen Jesuiten hospitirt hat. Aber bei dem preußischen Soldaten Leopold von Gerlach hat dieses Schülerverhältniß zu dem Verfasser der „Restauration der Staatswissenschaften" auch viele seiner früheren Verehrer ebenso peinlich berührt, wie die geheime Vorgeschichte der Olmützer Konvention.

Bei alledem bin ich durchaus nicht geneigt, den Werth dieser Gerlach'schen Memoiren gerade für unser eigenes Thema gering anzuschlagen. Denn derselbe besteht nicht am wenigsten darin, daß wir in dem hier geschilderten Kreise der gleichen Tendenz begegnen, deren gegenwärtige Einwirkung auf unseren evangelischen Adel eines der bedenklichsten Zeichen der Zeit genannt werden muß. Neben jenen erst jetzt veröffentlichten Tagebüchern dürfen wir ferner aber an einer heute beinahe vergessenen Schrift nicht vorbeigehen, welche ein dem unsrigen sehr verwandtes Thema behandelt.

Es ist der Vortrag des Herrn von Kleist-Retzow über „Adel und Kirche". Nach dem Tode des auch von seinen politischen und kirchlichen Gegnern persönlich hochgeachteten Mannes darf vielleicht auf eine Sammelausgabe seiner Reden gehofft werden. Es wäre das um so mehr zu wünschen, weil damit auch der Widerspruch, den beispielsweise jener Vortrag seiner Zeit fand, sich in einen allgemeineren Zusammenhang hineinstellen würde. Denn bei aller Achtung vor der persönlichen Ueberzeugungstreue des pommerschen Lutheraners hat es doch beispielsweise in der rheinisch-evangelischen Kirche niemals vergessen werden können, wie schwer seine Unkenntniß rheinischer Verhältnisse diese Kirche geschädigt hat. In politischer Beziehung aber braucht es nur der einen Erinnerung an die scharfe persönliche Gegensätzlichkeit des dortigen Oberpräsidenten zu dem Prinzen von Preußen. Die Entlassung Kleist-Retzow's ist so ziemlich die einzige, welche neben derjenigen des Manteuffel'schen Ministeriums dem Beginn der Regentschaft unseres späteren ersten Kaisers ihren Charakter aufdrückte.

War es einmal unvermeidlich, hier Namen zu nennen, welche der jüngsten Vergangenheit angehören, so mußten sich sofort die der Brüder von Gerlach und des Herrn von Kleist-Retzow ganz besonders herausheben. Ihre Träger sind einmal typisch für jene Auffassung der Aufgaben des

Adels, welche sich seither in Adelsgenossenschaft und Adels=
blatt feste Organe geschaffen hat. Zum andern aber ist
ihre grundverschiedene Stellung zu unserer großen natio=
nalen Frage ebenfalls symptomatisch. Es tritt darin ge=
nau der gleiche Unterschied zu Tage, welchen wir auch
heute zwischen der Genossenschaft und ihrem literarischen
Organe machen müssen. Es wird Herrn von Kleist=Retzow
in der deutschen Geschichte unvergessen bleiben, daß er in
scharfem Gegensatz zu dem unter Windthorst's Fahne ge=
tretenen Herrn von Gerlach seinem Jugendfreunde Bis=
marck auf den Wegen, welche zur Wiedererhebung Preu=
ßens aus tiefster Schmach führten, tapfer zur Seite gestan=
den hat.

Halten wir denn auch bei Adelsgenossenschaft und
Adelsblatt diese Unterscheidung im Auge, und gehen wir
deshalb zunächst — ohne uns durch die Artikel einer Zei=
tung pro oder contra einnehmen zu lassen — auf die
prinzipiellen Ursachen zur Begründung jener Genossen=
schaft ein!

Die Bestrebungen der Adelsgenossenschaft in ihrem
praktischen Theile, der Unterstützung ehrenwerther und be=
dürftiger Standesgenossen, verdienen m. E. in hohem Grade
Anerkennung. In einem Zeitalter, welches in allen ge=
sellschaftlichen Schichten gleich sehr durch die sociale Frage
bewegt wird, liegt einem jeden Stande wiederum gleich
sehr die Pflicht ob, seine schwächeren Mitglieder zu
stützen. Dem Adel kommt in dieser Beziehung doch gewiß
das gleiche Recht zu, wie der sogenannten Arbeiterklasse.
Ich glaube mich aber weiter auch überzeugt halten zu
dürfen, daß die jesuitenfreundliche Haltung der Redaktion

des Adelsblattes sich durchaus nicht der Zustimmung der Mehrzahl der Mitglieder der Adelsgenossenschaft zu erfreuen hat. Daß dieselbe treue evangelische Christen in sich schließt, weiß ich durch das Beispiel meines eigenen, mir (trotz der bei dem Soldaten und dem Theologen naturgemäß verschiedenen Auffassung unserer Familientradition) aufs Engste verbundenen Bruders. Auch von andern mir näher bekannten Mitgliedern gilt völlig das Gleiche. Ebenso bekenne ich gerne, daß dieselben ausnahmslos sich nicht des Nehmens, sondern des Gebens wegen diesem Verband angeschlossen haben. Bei der Durchsicht des Mitgliederverzeichnisses des letzten Jahres ist es mir allerdings in hohem Grade aufgefallen, daß die bedeutendsten und angesehensten Geschlechter des hohen Adels sehr dürftig vertreten sind, und auch von den andern Familien nur selten die durch ihre staatliche Stellung hervorragendsten Mitglieder. Als eine allgemein anerkannte Vertretung unseres deutschen Adels wird daher die Adelsgenossenschaft in ihrer bisherigen Gestaltung nicht gelten können*). Es darf aber gewiß in allem Ernste die Frage gestellt werden, ob es nicht auch im

---

*) Auch bei dieser These befinde ich mich mit dem A. B. durchaus in Uebereinstimmung. Vgl. in dem im zweiten Theile näher besprochenen, der Redaktion sekundirenden „Eingesandt" des Frh. v. T. 1891 Nr. 50 die Erklärung: „Was die Vertretung des deutschen Adels betrifft, so ist es zwar auf's Tiefste zu beklagen und es erfüllt manchen deutschen Edelmann mit aufrichtigem Schmerze und banger Besorgniß, daß die große Masse des Adels und nicht zum Mindesten des begüterten, den idealen Zielen der D. A. noch so theilnamlos gegenübersteht; nichts destoweniger glaubt letztere aber den Anspruch erheben zu dürfen, ihrerseits auf der Höhe der „geschichtlichen Mission" des deutschen Adels zu stehen. Und hierin liegt ihre Bedeutung."

Interesse aller andern Stände wünschenswerth genannt werden müßte, daß wir eine solche Vertretung in der Zukunft wirklich gewännen.

Es giebt ein einigendes Band in der Hochhaltung einer gemeinsamen Tradition. Auch der scheinbare Gegensatz gegen andre Stände ist an sich noch kein Fehler. Es muß nur die Einseitigkeit vermieden werden, die einer andern Eigenart nicht das gleiche Recht des freien Wettbewerbs gönnt. Oder kommt nicht der gegenseitige Ehrgeiz der verschiedenen Waffengattungen ebenso dem modernen Staate zu gute, wie die Rivalität der verschiedenen Mönchsorden der Kirche des Mittelalters? Muß nicht das allseitige Aufstreben der einzelnen gesellschaftlichen Schichten geradezu als unentbehrlich bezeichnet werden für die Entwickelung unserer nationalen Kraft? Mich däucht, daß gerade diejenigen, welche ihrerseits ihre bürgerliche Familiengeschichte hoch halten und mit berechtigtem Stolze sich dagegen verwahren würden, sich in einen andern Stand „erheben" zu lassen, am lebhaftesten dieser These zustimmen werden. Die geschichtlichen Traditionen unserer geschichtlichen Familien bilden ein viel zu werthvolles Gut für das große Ganze, als daß nicht jedes Mittel, welches zu ihrer Anerkennung in weiteren Kreisen führen kann, freudig begrüßt werden müßte.

Was nun aber speziell unsere gegenwärtige Adelsgenossenschaft betrifft, so werden wir uns freilich nicht begnügen dürfen, die geschichtliche Nothwendigkeit einer solchen Gründung anzuerkennen. Denn die jetzige Gestaltung der Adelsgenossenschaft muß obenan nach ihren Statuten und ihren Leistungen beurtheilt werden. Schon mit Beziehung auf ihre Statuten darf ich dabei dasjenige Bedenken auch hier nicht verschweigen, welches auf der überall gleich verhängnißvoll gewordenen Verquickung von Politik und Theologie beruht. Schon die erste Kunde von diesen Statuten hatte mich seiner Zeit stutzig gemacht. Die bedenkliche Tragweite ihres § 1 aber ist gerade in der jüngsten Zeit drastisch enthüllt worden. Zur Klarlegung dieses unnatürlichen Verhältnisses darf ich Ihnen wohl einfach die Erklärung des Vorstandes der Adelsgenossenschaft zu dem sog. „zweiten Fall Harnack" und die Kritik eines angesehenen und weitverbreiteten kirchlichen Blattes über diese Erklärung neben einander stellen.

Die erstere lautet dahin:

„„Treues Festhalten an dem apostolischen Glaubensbekenntnisse" lautet der erste Satz des Statuts der Deutschen Adels-Genossenschaft. Bei den Angriffen von wissenschaftlicher Seite, welchen das Apostolicum in gefahrdrohender Weise für Kirche und Staat neuerdings ausgesetzt worden ist, sehen sich die heute versammelten Mitglieder des Vorstandes und Ausschusses der Deutschen Adels-Genossenschaft veranlaßt, zu diesem unveräußerlichen Fundament der Kirche Christi sich öffentlich zu bekennen, an dieses unlösliche Bindemittel des christlichen Adels beider Bekenntnisse zu erinnern, sowie die Mitglieder der Genossenschaft zur Vertheidigung dieses ewigen Heilsgutes aufzurufen."

Nehmen Sie nun demgegenüber die nachfolgende Kritik, so werden Sie sofort erkennen, daß auch bei dieser jüngsten Verquickung von Theologie und Politik es aus dem Walde ebenso herausschallt, wie man hineinruft:

„Der Vorstand der Deutschen Adels-Genossenschaft versteht von den wissenschaftlichen Erörterungen über das Apostolicum genau so viel, wie die Geistlichen vom Rennsport. Gleichwohl erkühnt er sich der wissenschaftlichen Forschung einfach ein Halt zuzurufen, weil der Adel sein Klasseninteresse gefährdet sieht, wenn etwa gar die Landbevölkerung auf den Latifundien des Ostens anfinge in religiöser Beziehung zum eignen Nachdenken zu erwachen. Es handelt sich für die Agrarier lediglich darum, daß die unbedingten Gehorsam heischende Autorität der Kirche aufrecht erhalten bleibe. Deshalb schließt die Genossenschaft in ihrem Protest gegen den akademischen Lehrer der evangelischen Theologie auch unbedenklich den römisch-katholischen Adel ein, ohne für das Verletzende, das darin liegt, auch nur das leiseste Gefühl zu bekunden."

Sie werden es gewiß so wenig wie ich für zulässig erachten, die sog. agrarischen Bestrebungen mit dem kirchlichen Bekenntniß in den Statuten der Adelsgenossenschaft in eine derartige Verbindung zu bringen. Aber andererseits wird Ihnen gewiß nicht minder wie mir die in jenen Statuten liegende Verquickung der Sonderbestrebungen eines einzelnen Standes mit den Heilsthatsachen der gesammten Christenheit principielle Bedenken erweckt haben. Wenn man ernstlich den Maßstab des Evangeliums anlegt, so kann doch wohl kein Zweifel darüber bestehen, daß eine jede derartige Verquickung, heiße sie, wie sie wolle, unter das schärfste Gericht unseres Herrn fällt. Aber der Ursprung jener ominösen Verquickung dürfte wohl weniger in jenen agrarischen Wünschen gelegen haben, als vielmehr in dem auch sonst zur Genüge bekannten jesuitischen Kunstgriff, in die Reihen der evangelischen Christen den Keil des „divide et impera" hineinzutreiben. Denn hätte es sich um die wirkliche Nachfolge Christi gehandelt, so würde sich gewiß ein geeigneteres Bindeglied zwischen den einfachen Christgläubigen unter Katholiken und Protestanten gefunden haben.

Ein weiterer Ausblick auf diese Einzelfrage ist hier

nicht mehr am Platz*). Dagegen darf ich, nachdem doch einmal des gegenwärtig mehr wie jemals heikeln und empfindlichen Verhältnisses zwischen Adel und Bürgerthum gedacht werden mußte, schließlich nicht an den beiden wundesten Punkten in diesem Verhältnisse vorbeigehen. Der Antrag der Adelsgenossenschaft auf Aenderung unserer Gesetzgebung hinsichtlich der mit gewissen gerichtlichen Verurtheilungen zu verbindenden Aberkennung des Adels geht von einer ethischen Anschauung aus, welche der Vertreter der Kirche nur begrüßen kann. Aber in der Form, in welcher er vorgebracht ist, mußte die Empfindlichkeit eines mit demselben Recht wie der Adel seine eigenen Ueberlieferungen hochhaltenden Bürgerthums geweckt werden. Denn bei der Annahme jenes Antrags wären die von ihm getroffenen Verbrecher einfach dem Bürgerthum zugewiesen. Andererseits drohen die sich fast epidemisch vermehrenden Nobilitirungen nicht nur in der haute finance und im Militair-, sondern sogar im Gelehrtenstande mit der Zeit sehr unliebsame Folgen heraufzubeschwören. Zwar ist die seit Metternich's Tagen in Oesterreich zur Regel gewordene Baronisirung der Börsenjobberei wenigstens dem ernsteren preußischen Staatsgedanken mit wenigen Ausnahmen erspart geblieben. Aber es kann gewiß vom nationalen Standpunkt aus nur begrüßt werden, wenn auch der deutsche Adel selber sich ernstlich bemüht, das Fundament seines Hauses vor dem überwuchernden Hausschwamm zu schützen. Die mit solch' elementarer Gewalt vordringende antisemitische Bewegung, deren

---

*) Der allgemeinere Zusammenhang, in welchen der Streit über das Apostolicum gestellt werden muß, wird in der demnächst erscheinenden Schrift „Die Stellung der Einzelschulen in dem Gesammtorganismus der Theologie und Kirche" allseitig unparteiisch beleuchtet werden.

konfessionelle Seite ich vom Standpunkt des Evangeliums aus kaum genug beklagen kann, würde ebenso wenig wie ihre socialdemokratische Nebenströmung so mächtig angeschwollen sein ohne die hochmüthige Herausforderung des in den Adelstand erhobenen Kapitalismus. Aber nicht nur in dieser einen Beziehung ist die Umgestaltung des historischen Adels durch die Verbindung mit anderen Faktoren, welche völlig andere Aufgaben haben, zu einer eigentlichen Zeitkrankheit geworden. Man kann dem Verfasser einer Kritik über das „Handbuch des preuß. Adels" in der Konserv. Monatsschrift (August 1892 S. 885) schwerlich Unrecht geben, wenn er darauf aufmerksam macht: „Interessant, wenn auch nicht gerade erfreulich ist der Umstand, daß der weitaus überwiegende Theil der neugeadelten Familien ohne jeden Grundbesitz ist und dem Offizier- und Beamtenstande angehört. Die Folgerung, in welchen Verhältnissen sich manche der Nachkommen dieser Neugeadelten schon im Laufe des nächsten Jahrhunderts befinden werden, ist leicht zu ziehen." Umgekehrt jedoch dürfte gar manche bürgerliche Familie Traditionen aufweisen, auf Grund deren ihr eine Nobilitirung geradezu als Degradirung erscheinen müßte.

Ich habe es geschichtlich zu würdigen versucht, daß und warum der Adel sich als besondere Gesellschaftsgruppe dem Bürgerthum gegenüber fühlt und sich besonders hohe Pflichten vindiziren zu müssen glaubt. Ich weiß es nicht minder zu würdigen, daß das jenem § 1 zu Grunde liegende Streben auf evangelischer Seite im Sinne einer wirklichen Einigung der christlichen Confessionen verstanden worden ist. Aber sollten evangelische Christen konservati=

der Ueberzeugung wirklich der Meinung verfallen können, die auf der Mainzer Generalversammlung der klerikalen Vereine so unverblümt ausgesprochen wurde, daß sie ihre zersprengten Glieder nur unter dem Schutze des Centrums zu reorganisiren vermöchten? oder daß der Jesuitenorden die alleinige Stütze der protestantischen Rechtgläubigkeit gegen den Unglauben der protestantischen Theologie sei?

Den irgendwie sachkundigen evangelischen Mitgliedern der Adelsgenossenschaft kann gewiß keine ärgere Schmach angethan werden, als ihnen die Zustimmung zu solchen Absurditäten zu imputiren. Fragen wir aber, welche Früchte das literarische Organ zeitigt, so kann man sich schwerlich der Annahme entziehen, daß wir es hier mit echt jesuitisch geschulten Literaten zu thun haben. Schon in den früheren Jahren haben manche Artikel darin gestanden, welche von der Centrumspresse triumphirend nachgedruckt werden konnten. Diese Tendenz aber hat zusehends zugenommen.

So sehr ich aber auch die je länger je mehr in der Leitung des Adelsblattes verspürbare Tendenz betonen zu müssen glaube, so wenig kann ich mich doch dem Eindruck entziehen, daß der Artikel „Adel und Jesuiten?" (No. 7 vom 15. Februar 1891) dem Fasse den Boden ausgeschlagen hat, oder wenigstens der Tropfen gewesen ist, der das volle Faß zum Ueberlaufen gebracht hat.

Schon die Art und Weise, wie hier an das Standesbewußtsein appellirt wird, verräth in der That eine echt jesuitische Schulung:

Dem historisch denkenden Edelmann, dessen Traditionen weit über die unselige, von der Kirchenspaltung hervorgerufene nationale Kluft zurückreichen, erwächst aus der Vergangenheit seines Standes zweifellos eine erhöhte Verpflichtung, Fragen des Kirchenthums in denkbarster Objectivität gegenüber zu treten.

Von dem gleichen Abfall von der „unseligen" Reformation zeugt die — den Hintergrund der Hammerstein'schen Anträge grell beleuchtende — Argumentation, daß der Triumpheinzug der Jesuiten nur der gebührende Preis sei für die Unterstützung jener Anträge durch die Centrumsfraktion:

Das Centrum hat jede Gelegenheit wahrgenommen, seiner grundsätzlichen Geneigtheit Ausdruck zu geben, an seinem Theil den Bestrebungen der Evangelischen nach erhöhter Freiheit der Bewegung ihrer Kirche entgegenzukommen. Um so befremdlicher muß es erscheinen, wenn gläubige evangelische Christen nicht davor zurückschrecken, der katholischen Kirche, von der doch auch die ihre ausgegangen, einer Kirche, die das theure Gut, nach welchem sie selbst trachten, nie aufgegeben, das Recht der Herrschaft im eigenen Hause beschränken zu wollen.

Aber noch bezeichnender ist das (ganz der oben erwähnten Mainzer Schilderung entsprechende) Bild, in welcher Weise die Jesuiten sich den „standesbewußten Edelmann" in allen Kirchen verpflichtet haben sollen:

Viele Millionen deutscher Reichsbürger erkennen in den Orden ein unveräußerliches Erbtheil ihrer Kirche, erkennen ganz besonders in dem bestgehaßten Orden der Gesellschaft Jesu eine der schneidigsten Waffen gegenüber der Nothlage der Zeit. Wir unsererseits glauben auch, daß dieser Noth gegenüber alle Lieblings-Vorurtheile schweigen müssen, daß man herzlich froh sein sollte, in den Orden dem Einfluß auf die Massen im Sinne des positiven Christenthums und des Königthums von Gottes Gnaden neue Bahnbrecher zu gewinnen. Wenn Millionen treuer Unterthanen des Deutschen Reiches, wenn zahlreiche hervorragende Glieder unseres Standes mit ihren festen Ueberzeugungen die Rückkehr der Verbannten vertreten, wenn zahlreiche hervorragende Standesgenossen von höchster persönlicher Untadlichkeit es sich allzeit zur höchsten Ehre angerechnet, den Vätern der Gesellschaft Jesu zugezählt zu werden, dann sollte, so meinen wir, solche Thatsache allein den standesbewußten Edelmann davor bewahren, den Stab über eine geistliche Gemeinschaft zu brechen, der man im Grunde genommen doch nur erhöhten Eifer, Thatkraft und Geschick für die Sache, die sie für die rechte hält, vorwerfen kann, und die sich allerdings gerade darum den weltlichen Machthabern, auch der eigenen Kirche unbequem gemacht.

Der Gerechtigkeitssinn, an den der Verfasser hier appellirt, fehlt ihm selber freilich bei allem, was nicht jesuitenfreundlich ist, nur zu sehr. Es prägt sich dies schon im Beginn des Aufsatzes aus: in dem unedeln Ausdruck von den „Abfall-Tendenzen der Altkatholiken" für die tiefste Gewissensbewegung und das schwerste Martyrium, welches unsere Zeit kennt. Ihrer gläubigen Bekenntnißtreue kommt es nicht einmal zu gut, daß gerade durch ihren Vorgang das altkirchliche Bekenntniß eine Bedeutung für die kirchliche Einigung gewonnen hat, wie niemals zuvor. Wohl aber wird der im Adelsblatt leider zur Regel*) gewordene Unfug mit dem Mißbrauch des Apostolicums hier sogar klipp und klapp auf die lieben Jesuiten ausgedehnt:

Nicht die Jesuiten sind der evangelischen Kirche bitterste Gegner. Hat sie doch mit diesen noch einen gleichen Baugrund unter den Füßen: das Apostolicum.

Wir hören dann weiter noch, daß weder die angebliche jesuitische Moral noch die angebliche Reichsfeindschaft der Jesuiten einen Rechtsgrund abgeben könnten zur Ausweisung derselben, sondern daß man sich damit nur der Unterstützung der bewährtesten Kräfte im Kampfe gegen Unglauben und Socialdemokratie begebe. Die Agitation gegen die Jesuiten aber beruhe auf blinder Voreingenommenheit, Mangel an Objectivität und dem „Tel est mon plaisir" parlamentarischer Majoritäten.

Wie schon bemerkt, hat dieser Artikel ein nicht geringes Verdienst zu beanspruchen. Blitzartig hat er die Sachlage geklärt. Nicht nur die „Post", sondern auch die „Kreuzzeitung" hat eine geschichtliche Beleuchtung der Trugschlüsse jenes Artikels gebracht. Wir geben den Verfassern dieser

---

*) Vgl. darüber weitere Belege im zweiten Theil.

Artikel hier um so lieber das Wort, je weniger wir uns selbst zur Kritik einer solchen Umkehr aller Geschichte veranlaßt sehen*).

Das „Eingesandt" in der Kreuzzeitung vom 1. März 1891 (Nr. 101) stellt sich im Wesentlichen auf den staatsrechtlichen Standpunkt, argumentirt sogar mehr vom Standpunkte der Hierarchie als von demjenigen des Evangeliums, giebt aber eben darum um so mehr politisch beherzigenswerthe Winke:

Bei der Jesuiten-Frage handelt es sich um die Möglichkeit staatsrechtlicher Anerkennung des Ordens als solchen. Scheinen doch bereits, wie auch die „Kreuzzeitung" wiederholt andeutet, zahlreiche einzelne Jesuiten in kirchlichen Aemtern und sonstigen Berufen thätig, ohne vom Staate dabei belästigt zu werden.

Es fragt sich aber: sind die fundamentalen, unabänderlichen Institutionen des Ordens derartige, daß Deutschland ihm eine staatsrechtliche Stellung und Anerkennung gewähren kann, oder ist nothwendig an der ferneren Nichtzulassung des Ordens festzuhalten?

Der Jesuiten-Orden unterscheidet sich von allen rein kirchlich-katholischen Orden und Einrichtungen dadurch, daß er sich stets eine Stellung außerhalb aller kirchlichen Hierarchie gewahrt hat. Jedes Mitglied desselben ist dem Papst und den Bischöfen nur zu bedingtem Gehorsam, den eigenen Oberen aber zu blindem und unbedingtem verpflichtet, und zwar nicht bloß für geistliche, sondern auch für weltliche Zwecke. Dadurch allein erklärt es sich, daß die Jesuiten wiederholt auch mit kirchlichen Vorgesetzten in Widerspruch gerathen sind, daß sie ihre Aufpasser und Angeber wurden, wenn diese ihnen nicht Vorschub leisteten in dem Verlangen: von den Grundlinien ihrer staatsrechtlichen Stellung abzugehen, in dem vermeintlich „höheren" Interesse der „Kirche"!

*) Die Nachgeschichte, die der Jesuitenartikel innerhalb der Adelsgenossenschaft selber gehabt hat, wird übrigens im zweiten Theil nach dem A. B. selber geschildert werden. Hier genüge die Bemerkung daß der unerhörten Provokation der Evangelischen gegenüber das Adelsblatt selbst einem „Eingesandt" im „Sprechsaal" die Aufnahme verweigert hat. Die „paritätische" „Objektivität" des litterarischen Organs ist sich auch in diesem Fall gleich geblieben.

Da sich aber die kirchenpolitischen Grundsätze der Leiter des Ordens und ihre geheimen Weisungen jeder Kontrole durch die Bischöfe, ja, wie es scheint, selbst dem päpstlichen Einfluß entziehen können, und darum für staatsrechtliche Vereinbarungen erst recht unzugänglich sind, so ist auch selbstverständlich jede staatliche Anerkennung des Ordens ausgeschlossen, und damit auch jeder staatsrechtliche Schutz.

Was der Verfasser weiter über das Verhältniß der päpstlichen Hierarchie zum Staate sagt, würde von den rheinischen Konservativen schwerlich unterschrieben werden. Aber für die Mehrzahl der Leser der Kreuzzeitung mochten die eben mitgetheilten Ausführungen immerhin zur Klärung der Sachlage beitragen.

Eine werthvolle Ergänzung dazu bietet der Artikel der „Post" vom 5. April 1892 (Nr. 93, 2. Beilage). Derselbe hat gerade für die uns heute beschäftigende Frage eine um so höhere Bedeutung, da er jenem Zerrbild von der Standesaufgabe des deutschen Adels den Hinweis auf die wirklich geschichtliche Stellung desselben gegenüberstellt. Die diesem Hinweis noch vorhergehende, von gründlicher Detailkenntniß getragene Darlegung der Ordensgeschichte kann für unseren heutigen Zweck ebenso zurücktreten, wie die zutreffende Charakteristik des Evangeliums und der Reformation. Um so weniger aber möchte ich an der begeisterten Charakteristik der edlen Aufgaben des Adels vorbeigehen:

Unmöglich können wir dem Blatte darin Recht geben, daß der protestantische Edelmann von Standes wegen diesen Fragen anders gegenüberstehe als jeder andere evangelische Christ und reichstreue Patriot. Wir werden nimmermehr glauben, daß der Artikel die Gesinnung des protestantischen deutschen Adels in seiner Mehrheit wiedergiebt. Wir hegen vielmehr zu dem gesunden Urtheil, dem Patriotismus und der evangelischen Glaubenstreue, wie sie dieser Stand insbesondere in der ruhmreichen Geschichte der führenden deutschen Großmacht so oft bewährt hat, die feste Zuversicht, daß er der unverantwortlichen Zumuthung des Adelsblattes mit entschlossenem Proteste entgegentreten wird. Uns scheint jener Artikel nur die Gesinnung einer extremen Gruppe innerhalb der konservativen Partei wiederzugeben, derselben, die, beherrscht von einem durchaus unevangelischen Positivismus, beharrlich mit dem katholischen Centrum liebäugelt.

Der führende deutsche Staat ist aus dem Protestantismus hervorgewachsen, mit protestantischem Geiste durchtränkt, mit protestantischer Wissenschaft genährt, durch protestantische Pflichttreue emporgekommen. Unsere gesammte, trotz des religiösen Zwiespaltes das deutsche Vaterland zusammenhaltende moderne Bildung kann ihre protestantische Herkunft nicht verleugnen. Die Aufgabe des Adels als eines führenden Standes kann nur die sein, den historischen Charakter des Staates, die in langer Arbeit erzeugten geistigen Güter seiner Nation in erster Reihe zu bewahren und zu vertheidigen. So erhebt er sich mit weiterem geschichtlichen Blick über die verworrenen Kämpfe des Tages, über die Oberflächlichkeit der augenblicklichen öffentlichen Meinung. Und von diesem Standpunkte aus hat der Adel am wenigsten Ursache, die deutsche Kirchenspaltung, wie das „Adelsblatt" ihm zumuthet, zu beklagen. Der deutsche hohe Adel hatte einst, nachdem das Kaiserthum die Partei des Papstes genommen, die wesentlichsten Verdienste um die Durchführung der Reformation. Luther's mächtiges Wort „An den christlichen Adel deutscher Nation", von dem er „des christlichen Standes Besserung" erwartete, war nicht ungehört verhallt. Wenn wir nicht allein einen Ulrich von Hutten, einen Franz von Sickingen mit Feder und Schwert für die große Sache der Nation eintreten, wenn wir edle deutsche Fürsten im Bekenntniß des Evangeliums voranschreiten und für dasselbe kämpfen und leiden sehen, so empfinden wir noch heute dankbar nach, wie klar und folgerichtig damals der christliche Adel deutscher Nation seine ihm von Gott gestellte Aufgabe erkannte, und können, was die Redaktion eines deutschen Adelsblattes im 19. Jahrhundert als standesgemäß zu verkündigen wagt, nur als Zeichen eines tiefen Abfalls beklagen . . . .

Nicht die Reformation, sondern die jesuitische Reaktion des 17. Jahrhunderts hat unser Volk, welches schon einmüthig im Glauben an das Evangelium geworden war, so unheilvoll zerrissen, und dieselben Jünger, nicht Jesu, sondern Loyola's, arbeiten heute wieder daran, die uns durch Gottes Gnade dennoch geschenkte nationale Einigung abermals zu vernichten. Wo ist in solcher Gefahr und Noth der von Gott selbst gewiesene und von der Treue gegen Kirche und Vaterland geforderte Standort des protestantischen Adels deutscher Nation? Wahrlich, dieser Adel hat keine Sühne zu leisten „für manch' alte geschichtliche Schuld unseres Standes", wie es in dem Artikel heißt. Er würde vielmehr erst jetzt eine unermeßliche Schuld auf sich laden, wenn er jenen verblendeten Rathschlägen Gehör geben wollte.

Der Versuch, sogar unseren deutsch-evangelischen Adel zum Vorspanndienst für den Wiedereinzug der Jesuiten zu bewegen, ist in der That eine Versündigung gegen alle Lehren der deutschen Geschichte. Oder lockt uns etwa das Beispiel Spaniens, wo so eben die Damen der Aristokratie noch in letzter Stunde ihre Sturmpetitionen gegen die Duldung einer evangelischen Kirche eingelegt haben? Sollen wir die Errungenschaften unseres gesammten nationalen Lebens mit der Dressur jener belgischen und holländischen Jesuiteninstitute vertauschen, die gleich dem Klinkowström'schen Institute in Wien vor allem auf die Knechtung des jungen Adels bedacht sind? Wahrlich, auch hier ist Wind genug gesäet worden, um den Sturm zu ernten: im Niedergange des ganzen nationalen Staatswesens. Aber wir bedürfen überhaupt keiner ausländischen Parallelen. Das Pathologische des Lebensganges aller derer, welche einen der vielen Wege nach Rom eingeschlagen haben, ist lehrreich genug.

Es sind freilich lange Namensverzeichnisse gewesen, welche in den Sammlungen der sogenannten Konvertitenbilder bis zum Jahre 1870 auch aus den Kreisen unseres

Adels aufgezählt werden konnten*). Die so vielfach bemerkbare Verwandtschaft zwischen der Restaurationszeit des 19. und der Gegenreformation des 17. Jahrhunderts trat auch in diesem Einzelpunkte drastisch zu Tage. Neben dem (unter der Seelenführung des späteren Jesuitengenerals Beckx durch seinen Hofmarschall von Haza-Radlitz und seinen Kabinetssekretär Klitsche de la Grange) 1825 in Paris bekehrten letzten Herzog von Koethen und dem letzten Herzog von Gotha konnte — genau wie in dem Jahrhundert des 30jährigen Krieges und der Raubkriege Ludwig's XIV — eine nicht so ganz unbeträchtliche Zahl von Prinzen und Prinzessinnen verzeichnet werden, sowohl aus regierenden wie aus mediatisirten Familien. Grafen wurden 15, Gräfinnen 9 aufgezählt, Edelleute 28, mit Namen genannte Damen 8. Der mit der Gegenwart zerfallene Theil der Geburtsaristokratie bildete überdies nur einen der mancherlei Kreise der restaurativen Romantik. Es kamen weiter noch die Dichter und Künstler, die Juristen und Theologen, die Bureaukraten und Journalisten hinzu. Wer dabei nur irgend zum Schriftstellern im Stande war, hat seine eigene Bekehrungsgeschichte geschrieben. Bei den Uebrigen sorgte die von dem Wesen des päpstlichen Weltreiches unabtrennbare Reklame für anderweitigen Ersatz. Aber wie kam es doch nur, daß trotzdem und alledem die nüchterne Untersuchung der Frage „Welche Wege führen nach Rom?" sich schon damals zu einer „geschichtlichen Beleuchtung der römischen Illusionen über die Erfolge der Propaganda" gestalten mußte? Habe ich doch schließlich nicht umhin gekonnt, der im Jahre 1869 erschienenen Monographie das Wort Luther's als Motto voranzustellen:

*) Vgl. oben S. 28 9 über den allgemeinen Hintergrund dieser Einzelerscheinung.

„Laß fahren dahin
Sie habens kein Gewinn
Das Reich muß uns doch bleiben."

Was uns unmittelbar nachher das Jahr 1870 trotz der gleichzeitigen Kriegserklärung aus Rom und Paris für unser nationales Leben gebracht hat, braucht heute wahrlich keiner Erinnerung. Ob jedoch auch das wohl genügend beachtet sein mag, daß, wie in England, so nicht minder in Deutschland die „Mode" des Konvertirens seit dem Infallibilitätsdogma so gut wie völlig aufgehört hat?

Schon jene früheren Uebertritte hatten noch in jedem Einzelfalle sich nicht als ein Verlust, sondern als ein Gewinn für die evangelische Kirche herausgestellt. Die bewährtesten katholischen Gelehrten haben dieses Ergebniß ihrerseits aber noch in denkwürdiger Weise ergänzt. Denn das schwerste Verhängniß für die katholische Kirche Deutschlands hat eben doch in dem Renegateneifer der Konvertiten bestanden. Die vorher durchaus nicht papistisch gesinnten geborenen Katholiken, die ja ganz anders wie jene am eignen Leibe die Segnungen des Papismus kennen gelernt hatten, sind durch jene Konvertiten terrorisirt worden. Bereits im Jahre 1869 hat der kompetenteste katholische Sachkenner nachdrücklich darauf hingewiesen, „daß es besonders Konvertiten mit wenig theologischer Bildung, aber vielem jugendlichen Glaubenseifer sind, welche sich in williger, ja freudiger Geistesknechtschaft dem unfehlbaren Seelengebieter ergeben".

Für die Vollberechtigung zu solcher Unterscheidung der beiden Seelen im deutschen Katholicismus darf ich mich nun nochmals auf die aus Ihrer eigenen Familiengeschichte empfangenen Eindrücke berufen. Ich denke dabei ganz besonders an die Beziehungen zu den beiden Mainzer Kurfürsten, die in diese Familiengeschichte eingreifen. Die Gegenreformation im Eichsfeld hebt damit an, daß der von seinen Jesuiten begleitete Kurfürst Daniel in Berchtold von Wintzingerode den festesten Hort der Reformation „unschädlich gemacht hat". Es ist eine echt jesuitische Taktik, wie der Lehnsherr desselben, der letzte schwache Graf von Hohnstein, bewogen wird, selbst der Lehnsmann des Kurfürsten zu werden, um auf diese Weise dem in offenem Kampf unüberwindlichen Berchtold hinterrücks beizukommen. Wie ganz anders hat uns dagegen in Ihrer reichen Bildergallerie das wohlwollende Bild des edlen Kurfürsten von Erthal angesprochen, das so typisch ist für die über die Konfessionsschranken hinaushebenden Freundschaftsbündnisse des 18. Jahrhunderts.

Auch dieser letzten Bodensteiner Erinnerung habe ich jedoch wiederum nur darum gedenken dürfen, um aus ihr ebenfalls wieder allgemeinere Lehren entnehmen zu können. Die eine dieser Lehren hat es mit den evangelischen, die andere mit den katholischen Ueberlieferungen unseres Volkes zu thun.

Schon unter dem ersteren Gesichtspunkt stehen der Geschichte Ihres Geschlechts zahlreiche Parallelen in andern Familiengeschichten zur Seite. Lassen Sie mich zum Belege dafür wenigstens derjenigen eines einzigen heimgegangenen Freundes gedenken. Ich habe um so mehr Anlaß dazu, weil Präsident von Hardenberg gerade damals von uns genommen wurde, als die ernste Arbeit des „evangelischen Bundes" begann, und nur darum Ihnen nicht mehr zur Seite zu treten vermochte.

Neffe von Novalis, ist Freiherr von Hardenberg zugleich in weiteren Kreisen als Civil-Kommissar in Hannover und Hessen nach der Neuordnung von 1866 bekannt geworden. Auch er hat in seiner ganzen Lebensthätigkeit eine schöne Familientradition zu wahren gesucht, die u. A. politisch in hochverdienten deutschnationalen Staatsmännern des 18. Jahrhunderts und in dem Staatskanzler Fürsten Hardenberg gipfelte. Kirchlich ließ sie ihn dagegen gerne an die Brüdergemeinde anknüpfen und in Richard Rothe nach einem Wort Steinmeyer's den Theologen unserer Zukunft erblicken. Nahe Verwandte hatten auch ihn den älteren irenischen Katholicismus hoch schätzen gelehrt. Umgekehrt aber hatte er gleichfalls im engsten Familienkreise die Methode der papistischen Propaganda aus persönlicher Erfahrung kennen gelernt. Das Letztere mag ihn zugleich besonders befähigt haben, in dem vormaligen Königreich Hannover die Schleichwege bloßzulegen, auf welchen der Jesuitenorden seinen großen Einfluß am Hofe des unglücklichen Königs Georg erlangt und damit auch dort für die Vermehrung seines weltlichen Besitzes reichlich zu sorgen gewußt hatte. Herr von Hardenberg war bereits erkrankt, als die Erfurter Vertrauensmänner-Versammlung vom 5. Oktober 1886 in Ihnen den berufenen Präsidenten gefunden hat. Dennoch hat er noch den im Auftrag dieser Versammlung erlassenen Aufruf mit unterzeichnet. In seinem letzten Gespräch mit mir hat er aber bereits bitter über die geringe Betheiligung des Adels bei jenem Aufruf geklagt. Es ist gewissermaßen ein von ihm überkommenes Erbe, dessen ich bei den jedes Jahr keckeren Jesuitenartikeln im Adelsblatt stetig gedenken mußte, und das sich mir heute zu den Ihnen unterbreiteten Gedanken gestaltet hat.

Es ist ein Appell an die schönsten Traditionen unserer

abligen Geschlechter gewesen, zu dem ich vor Ihnen schon durch Hardenberg angeregt wurde. Ich kann jedoch nicht umhin den Wunsch daran anzuknüpfen, daß diese Traditionen auch für die allgemeinen Geschichtsquellen leichter zugänglich gemacht werden möchten. Denn wenige Geschichtsquellen sind von so außerordentlichem Werth gerade unter demjenigen Gesichtspunkte, in welchem Geschichts- und Naturforschung übereinstimmen, daß nur die Kenntniß des Einzelnen zur richtigen Beurtheilung einer Gesammterscheinung den Weg bahnt. Die Kulturgeschichte im weitesten Sinne des Wortes, obenan aber die Kirchengeschichte wird einen ganz anderen, viel fruchtbareren Charakter gewinnen, wenn diese Quellen allseitig erschlossen und verwerthet werden. Persönlich kann ich hier nur Weniges von Vielem anführen: wie die Familiengeschichten der Tümpling, der Schönberg, der Goltz, der Dohna. Daneben heben sich alsbald solche führenden Charakterköpfe hervor, wie ein Thadden-Trieglaff (in dem von der Fürstin Reuß gezeichneten Bilde) zur Rechten, zur Linken aber die Bennigsen und Forkenbeck mit ihrem Appell an das „Bürgerthum". Aber ein wie unermeßlich reiches Gebiet könnte sich der folgenden Generation hier eröffnen.

Dieser Nutzanwendung für unsere evangelischen Familien aber gesellt das sympathische Bild des Kurfürsten von Erthal noch eine andere an, was die richtige Art der Beurtheilung unseres katholischen Volkstheiles betrifft. Denn deutsche Katholiken von dem Sinn und Geist Erthal's haben auch dem 19. Jahrhundert so wenig wie dem 18. gefehlt. Die von ihm mitunterzeichneten Emser Punktationen unserer drei rheinischen Erzbischöfe sind ja allerdings gleich so mancher andern edeln Schöpfung der Aufklärungszeit den wilden Wassern der französischen Revolution von 1789 erlegen. Aber der ebenso vaterländische wie positiv christliche Geist, aus dem sie hervorgingen, war damit noch lange nicht ausgestorben. Bis zu der deutschen Revolution von 1848 haben die Gesinnungsgenossen des edlen Kölner Erzbischofs Graf Spiegel sich noch in der Mehrzahl der deutschen Bisthümer behauptet. In den Facultäten und Schulen aber lebte der Geist jener „christlichen Irenik", welchen der 1849 vom Mainzer Bischofsstuhle verdrängte Leopold Schmid vorbildlich gezeichnet hat. Und auch aus dem deutsch fühlenden katholischen Adel heraus hat der Ihnen persönlich zugeeignete Brief des Grafen Alfred Adelman das Gleiche bekundet.

Mit allen diesen wissen auch wir in unserem höchsten Streben uns ebenso einig, wie ihre Väter den unsrigen nahe gestanden haben. Innerhalb der seit dem Jahre 1870 bis ins Mark umgestalteten römisch-katholischen Kirche ist es allerdings schwerer wie jemals zuvor geworden, dieser „Einigkeit im Geiste" Ausdruck zu geben. Bis dahin aber ist die Geschichte der deutschen katholischen Theologie unseres Jahrhunderts eine recht eigentliche Ruhmesgeschichte unseres gemeinsamen deutschen Geisteslebens. Wohl liegt zugleich eine tiefe Tragik darin, daß alle die blühenden Schulen dieser Theologie — von Drey und Hirscher, von Hermes und Günther, von Sailer und Wessenberg, von Kühn und Dieringer, von Möhler und Döllinger u. v. A. — eine nach der andern auf den restaurirten jesuitischen Schleichwegen erwürgt worden sind. Aber dafür giebt es andrerseits kaum etwas Bewunderungswürdigeres, als das immer erneute Wachwerden des unverfälschten christlichen Gewissens im deutschen Katholicismus*). Wenn irgend etwas den Glau-

---

*) Statt der zahlreichen §§ meiner „Geschichte des Katholicismus seit der Restauration des Papstthums", welche die deutsche Theologie

ben an unsere Zukunft jedem Zweifel gegenüber zu stählen vermag, so ist es die Unvertilgbarkeit dieses „idealen Principis des Katholicismus". Was für hohe moralische Kräfte auch heute noch in unserem deutschen Katholicismus gelegen sind, hat mehr als alles Frühere gerade seit dem Jahre 1870 das Martyrium des Altkatholicismus gezeigt. Von denjenigen, welche Gewissensfragen als parlamentarische Machtfragen behandeln, zuerst unter die Füße getreten, und dann verhöhnt und verspottet, stellt er sich dem Historiker mit jedem Jahre mehr als eines jener Senfkörner heraus, auf welchen die reichste Verheißung des Evangeliums ruht. Und zwar aus dem gleichen Grunde, in welchem auch ich das der Adelsgenossenschaft vorschwebende Ideal erblicke: dem der Einigung der christlichen Konfessionen unter einander. Denn die von der weltlichen Herrschsucht des päpstlichen Weltreiches abgestoßenen christgläubigen deutschen Katholiken brauchen nun nicht mehr Protestanten zu werden, um jenes knechtische Joch abzuschütteln. Wohl aber hat umgekehrt der deutsche Protestantismus aller Schulen von Döllinger und seinen edlen Genossen als den „Reformatoren unserer Theologie" selber zu lernen. Mein Sendschreiben an Döllinger über „die Zukunftsaufgabe der interkonfessionellen Forschung" durfte nachdrücklich bezeugen: „Es ist ein eigentliches göttliches Gnadengeschenk für die evangelische Kirche, daß seit dem Jahr 1870 die Erkenntniß der Ideale des Katholicismus nicht mehr mit dem einen oder anderen der Wege nach Rom zusammenfällt."

In der gegenseitigen Ergänzung des katholischen und
und Kirche behandeln, wird hier zum Belege wohl am einfachsten auf die kleine Schrift über „das ideale Princip des Katholicismus" Bern 1885 verwiesen.

des protestantischen Ideals, in dem gemeinsamen Ausgangspunkt beider, dem Himmelreich, das unser Herr und Heiland auf die Erde gebracht hat, ist auch die wirkliche Einigung der getrennten Kirchen zu suchen. Der sklavischen Knechtschaft unter die päpstlichen Nachfolger der römischen Cäsaren stellt sich der freie Glaube an den gegenüber, welchen Niemand einen Herrn heißen kann ohne durch den heiligen Geist. Wie überaus bezeichnend ist nicht die Thatsache, daß alle jene Altkatholiken ausnahmslos aus dem strengsten, dem echtesten Katholicismus hervorgewachsen sind! Ja, es dünkt sich heute mancher ein strammer Ultramontaner und ist doch schon mehr als zur Hälfte altkatholisch gesinnt. Nur vermöge beständiger Umdeutung der päpstlichen Erlasse können diejenigen, welche zur Zeit noch durch das „Abmalen" in der Kaplanspresse eingeschüchtert werden, ihr deutsches Gewissen beschwichtigen. Je mehr aber die überzeugungstreuen Altkatholiken derartig unterdrückt werden, wie es in dem „Rechtsstaate" des heutigen Bayern geschieht, um desto kräftiger wird und muß sich die Unterströmung gestalten. Das beweist die Gesammtgeschichte jenes Martyriums, welches als der Höhepunkt der Nachfolge Christi zugleich die höchste Triebkraft der Menschheitsgeschichte einschließt.

Um so weniger werden wir uns dann aber auch durch die — einstweilen u. A. noch im Adelsblatt ihr freches Spiel treibende — Umdeutung dieses Ideals in sein Zerrbild verleiten lassen, um des letzteren willen das erstere preiszugeben. Wie wir vielmehr von Anfang an zwischen den pathologischen Ergüssen in jenem Blatte und zwischen den Zielen der Adelsgenossenschaft reinlich zu scheiden bemüht waren, so sei es schließlich noch einmal nachdrücklich betont, daß es auch in religiöser Hinsicht ein hohes Ziel ist, welches den Begründern der Adelsgenossenschaft vorgeschwebt hat. Wir stimmen nicht nur völlig mit ihnen darin überein, das religiös Einigende über die dogmatischen Scheidelehren zu stellen, sondern streben auch unsrerseits die gegenseitige Ergänzung des katholischen und des protestantischen Princips an.

Eben darum aber sei nun gerade von diesem Boden aus noch ein letzter Appell an die schönsten adligen Traditionen vergönnt. Es gilt als edelmännische Gepflogenheit, sich der Schwachen, die es verdienen, anzunehmen. Nun wohl, jener echte deutsche Katholicismus ist heute in dieser Lage. Wohl ist es sogar der systematischen jesuitischen Verläumdung mit Nichten gelungen, das „todtgeborene Kind" wirklich zu tödten. Es sind erst wenige Wochen her, daß Bischof Reinkens in der Reichshauptstadt selbst darlegen konnte, warum das in jenem Vatikanismus, der sich seit 1870 an die Stelle der alten Kirche gesetzt hat, herrschende System aufgehört hat, ein „katholisches" zu sein. Die lebendigsten und thatkräftigsten unter den „katholischen" Kirchen des Auslandes wissen es längst aus eigener Erfahrung, was sie an diesem Kristallisationspunkt für die „Wiedervereinigung der christlichen Kirchen" gewonnen haben. Der jüngste internationale Altkatholiken-Kongreß in Luzern hat das ebenso documentirt, wie die mit wahrhaft großartigen Kräften ins Leben getretene Revue internationale de théologie. Aber wie wenig weiß man im protestantischen Deutschland von dem, was aus dem kleinen Senfkorn schon heute erwachsen ist! Hier gilt es doch gewiß, sich endlich einmal wirklich eigene Kenntniß zu verschaffen, statt sich durch die Uebertragung von Index und Censur auch in die protestantische Bevölkerung jedes selbständigen Urtheils berauben zu lassen. Gerade der

Adel unseres Vaterlandes aber hat vor allen Andern die
Pflicht, Auge und Ohr offen zu halten. Dann wird er
von selbst den Weg zu den wahren Traditionen seiner
großen Vorfahren zurückfinden.

Die Erörterungen, die ich Ihnen vorgelegt habe, sind
davon ausgegangen, daß jede gute Familientradition in
jedem Stande ein gemeinsames Gut unseres Volkslebens
ist. Das großartige paulinische Bild von den mancherlei
Gliedern, die sich gegenseitig bedürfen, trifft auch in unserem
Falle zu. Obenan die Mahnung, daß nicht ein einzelnes
Glied sich an die Stelle des Leibes setze. Denn wo
bleibt dann — so fragt der Apostel — der Leib selber?
Es ist diese Mahnung, die der Papismus als nur zu begründet
erwiesen hat. Seit dem vatikanischen Dogma
ist die Kirche völlig durch das Papstthum verschlungen.
Unter die gleiche Warnung fallen aber auch die unseren
Ausgangspunkt bildenden Artikel des Adelsblattes,
worin der einzelne Stand in einer so durch und durch
ungesunden Weise zum Maßstab des Ganzen gemacht
wird. Dem Einen wie dem Andern stellt sich jedoch von
der gleichen biblischen Grundlage aus die klare Erkenntniß
unserer gemeinsamen Zukunftsaufgaben entgegen.
Auch ich kann sie nicht besser formuliren, als mit dem von
Ihnen so klar definirten und von den Jesuitengönnern
so schnöde entstellten Programm: gleich sehr auf der Wacht
zu stehen gegen die rothe und die schwarze Internationale.

Denn dieses Programm ist ja im Grunde nur die einfache
Anwendung des größten Erbtheils, welches Luther
unserem Volk hinterlassen hat, auf die Bedürfnisse der
Gegenwart. Wir brauchen keine Revolution zu fürchten,

wenn wir den Grundsätzen der Reformation treu bleiben. Unsere Zukunft ist gesichert, wenn jedes Glied unserer führenden Stände sich dasjenige zu eigen macht, was in jedem einzelnen Abschnitte der Schrift niedergelegt ist, von der auch dieses Sendschreiben seinen Namen entlehnte: „An den christlichen Adel deutscher Nation von des christlichen Standes Besserung."

Hochverehrter Herr Graf!

Ich weiß mich als Dolmetsch vieler treuer Glieder unserer evangelischen Christengemeinde, wenn ich auch bei diesem Anlaß der herzenswarmen Verehrung Ausdruck gebe, womit als Einer unter vielen Tausenden verharrt

Ihr dankbar ergebener

F. Nippold.

II.

Die Jahrgänge 1889—1892 des Adelsblattes.

Die ersten sechs Jahrgänge des A.B. sind zur Zeit weder im Buchhandel noch auf antiquarischem Wege erhältlich gewesen. Es muß daher einer späteren Untersuchung vorbehalten bleiben, ob dasselbe von Anfang an genau die gleichen Tendenzen verfolgt hat, oder ob erst in der Nacht, als die Wächter schliefen, das Unkraut unter den Weizen gesäet worden ist. Vorerst bin ich noch geneigt, das Letztere anzunehmen, da auch in späterer Zeit ähnliche Fort- bezw. Rückschritte in den Artikeln des A.B. verspürbar sind. So macht sich in der Zeit vor und in derjenigen nach der Zurückziehung des Zedlitz'schen Schulgesetzentwurfes, wenn auch nicht eine andere Auffassung, so doch eine sehr verschiedene Redeweise bemerkbar, zumal in der Tonart, in welcher die milderen konservativen Richtungen des Herrn von Helldorff und der rheinischen Konservativen bekämpft werden. Noch auffälliger ist der Unterschied im Urtheil über den Fürsten Bismarck in der Zeit vor, ja noch bis zu seiner Entlassung und in den folgenden Jahren. Von dem gleichen Zeitpunkte an sind ersichtlich die ausgesprochen welfischen Kundgebungen viel rückhaltloser in den Vordergrund getreten. Noch in den Jahren 1889/90 findet sich nirgends jene Redeweise über Kaiser Wilhelm den Großen, wie in 1892 Nr. 13 (S. 249):

Ein Fürstenwort von ergreifender Gewalt und doch getragen von erhabener Einfachheit hat Seine Königliche Hoheit Ernst August Herzog von Cumberland an den Enkel des Begründers der großpreußischen Monarchie gerichtet.

Die welfischen Mitarbeiter sind aber zugleich die Pioniere für die ultramontanen, sogar für die verwegensten Ansprüche der Letzteren gewesen. Es wird sich uns dies besonders aus dem inneren Zusammenhang zwischen den Artikeln „Sind die Welfen Reichsfeinde?" (1891 Nr. 30 bis 32) und denjenigen über „den Adel und die römische Frage" (1892 Nr. 12, 13, 15) ergeben.

Wir haben aber um so mehr Anlaß zu der Annahme, daß in den früheren Jahren sowohl das national-deutsche wie das evangelische Prinzip treuer gewahrt worden ist, weil sonst schwerlich die Erklärung des Ehrenpräsidenten bei dem Adelstage vom 27. Februar 1892 sich als nothwendig erwiesen hätte:

Seine Hoheit der Herzog Ernst Günther zu Schleswig-Holstein betont bei dieser Gelegenheit und zur Vermeidung von Mißverständnissen ausdrücklich, daß eine Solidarität zwischen Adelsblatt und Adelsgenossenschaft nicht bestehe, soweit dieselbe nicht bei Publikationen der Genossenschaft zum Ausdruck gelange; das Adelsblatt sei nicht im Besitze der Genossenschaft, sondern in Privathänden. . . . . Es sei deshalb neuerdings die Einrichtung getroffen worden, daß die officiellen Mittheilungen, die Publikationen des Vorstandes und etwaige diesem für die Veröffentlichung wünschenswerth erscheinende Artikel durch einen Strich von dem übrigen Inhalte des Blattes getrennt würden, für welchen letzteren weder der Vorstand noch die Genossenschaft überhaupt irgendwie verantwortlich sei. (1892 Nr. 12 S. 221.)

Auf Grund mannigfacher literarischer Parallelen möchte ich jedoch überhaupt solange, bis ich eines Schlechteren belehrt werde, nicht nur zwischen Adelsgenossenschaft und Adelsblatt, sondern auch zwischen den eigenen Absichten der Redaction und den auf sie ausgeübten Einflüssen unter-

scheiden. Die Rücksicht auf die Stellungnahme der römisch=
katholischen Abonnenten spielt bei allen derartigen literari=
schen Unternehmungen eine hervorragende Rolle. Von
evangelischer Seite läßt man sich jede Verhöhnung des
evangelischen Glaubens ruhig gefallen. In dem gegneri=
schen Lager wird sofort massenhaft das Abonnement auf=
gekündigt, wenn nicht die päpstlichen Interessen ihre Rech=
nung finden. Auch da freilich, wo die Rücksicht auf diese
Geschäftslage so weit wie nur irgend möglich getrieben
wird, finden die rücksichtsvollen Redactionen höchst selten
ihre eigene Rechnung dabei. Der Rathusius'schen Ency=
klopädie ist trotz der papalen Censur, welcher sie sich unter=
zog, ein ungemischt papales Unternehmen gegenübergestellt
worden und der Bankerott der ersteren hervorgerufen. Das
Pierer'sche Conversationslexikon ist durch seinen berüchtig=
ten Ablaßartikel ebenso wenig vor einer völlig „korrekten"
Konkurrenz geschützt worden. Schorer's Familienblatt hat
trotz des Rührstücks über die armen „Versehmten" (näm=
lich die Jesuiten) das Geschäft nicht über Wasser gehalten.
Aber es hat ja von Anfang an zu den beliebtesten Mittel=
chen des Windthorst'schen Heerbannes gehört, daß neben
den auf ein ausschließlich ultramontanes Publikum berech=
neten Organen die irgendwie für die jesuitische Lockung
empfänglichen Blätter sowohl materiell wie spirituell beein=
flußt worden sind.

Der Verfasser hatte diese auf zahlreiche verwandte
Fälle*) gestützte Vermuthung bereits niedergeschrieben, be=

*) Zum Belege dafür darf hier wohl auf „die Einschmuggelung
neujesuitischer Weltanschauung in belletristischem und journalistischem
Gewande" verwiesen werden, die Rubrik h des Abschnittes über
„Die Fortdauer des vatikanischen Eroberungskrieges" in der Schrift
„Katholisch oder Jesuitisch?" (Leipzig, G. Reichardt 1888. Die

vor er die Artikel über „den Adel und die römische Frage" genauer geprüft hatte. Dieselben bieten nun aber eine derart drastische Probe auf die Richtigkeit jener These gerade für den uns heute beschäftigenden Einzelfall, daß wir nicht umhin können, die diesbezügliche Argumentation alsbald einzuschalten. Da aber der gleiche Artikel überdies durch seinen Ausgang von der Kalnoky'schen Erklärung vom 27. November 1891 den inneren Zusammenhang der auf die Zertrümmerung der italienischen Volks- und Staatseinheit gerichteten Bestrebungen mit unheimlicher Klarheit beleuchtet, so müssen zugleich die grundlegenden Ausführungen (1892 Nr. 12 S. 226) mit angeführt werden.

Die Frage der weltlichen Herrschaft des Papstes ist in Folge einer Interpellation des Abgeordneten von Zallinger in der Delegation zu Wien am 27. Nov. zur Sprache gekommen, wodurch der österreich-ungarische Minister des Aeußern Graf Kalnoky sich veranlaßt gesehen hat, eine auf diese Frage bezügliche Erklärung abzugeben. Diese Erklärung, welche von weittragender Bedeutung ist, hat zu weiterer Erörterung im italienischen Parlament geführt und bildet einen wichtigen Abschnitt der officiellen Behandlung dieser Frage, welche nicht zur Ruhe kommt, bis sie nicht eine, die berechtigten Ansprüche des heiligen Vaters und der Katholiken der ganzen Welt dauernd befriedigende Lösung gefunden haben wird.

Mancher Leser des D. A., welches ja, als officielles Organ der überwiegend aus nicht katholischen Mitgliedern bestehenden „D. Adelsgenossenschaft", auch hauptsächlich nur in diesen Kreisen gelesen wird, könnte vielleicht einen Anstoß daran nehmen, an dieser Stelle einen Gegenstand besprochen zu sehen, welcher begreiflicher Weise in erster

vorhergehenden Rubriken behandeln auf Grund der Literatur des Jahres 1887: a) Die infallibilistische Geschichtschreibung. b) Die infallibilistische Philosophie. c) Die infallibilistische Naturforschung. d) Die infallibilistische Jurisprudenz. e) Die jesuitische Pädagogik. f) Die jesuitischen Klassiker. g) Die Flugschriftencyklen der ecclesia militans.

Linie nur für Katholiken von besonderem Interesse ist..... Trotzdem glaubt der katholische Verfasser dieses Artikels durch Einsendung desselben an die Redaktion des A.B. deren Intentionen aus zwei Gründen zu entsprechen. Erstens wünscht er dazu beizutragen, daß das prinzipiell auf einem paritätischen Standpunkt stehende und so hoch interessante und lehrreiche Artikel enthaltende Blatt auch unter den Mitgliedern der katholischen Kirche eine weitere Verbreitung als bisher finden möchte, was aber nur zu erreichen ist, wenn es mitunter auch Artikel bringt, welche dem besonderen Interesse des katholischen Adels Rechnung tragen. Ferner glaubt der Verfasser auch seinen nicht katholischen Standesgenossen einen Dienst zu erweisen, wenn er neben der Darlegung des Standpunktes des katholischen Adels zur „römischen Frage" auch noch diejenigen Seiten dieser Frage hervorhebt, welche für jeden Verfechter des Legitimitäts- und Autoritätsprincips, also für jeden überzeugungstreuen Edelmann, mag er einer Confession angehören, welcher er will, von Interesse sein müssen.

Um vieles wichtiger noch als diese direkt auf die Leser des A.B. berechnete Argumentation sind jedoch die dankenswerthen Enthüllungen der gleichen Artikel über den innigen Zusammenhang der ununterbrochenen Agitation gegen die nationale Ordnung der Dinge in Hannover und Rom. Mit einer wahrhaft verblüffenden Rückhaltlosigkeit wird hier gebeichtet, daß und warum die Welfen sich als die Handlanger der Ultramontanen bewähren (1892 Nr. 13 S. 251). Da dieselben Artikel uns ohnedem auch noch unter anderen Gesichtspunkten beschäftigen müssen, glauben wir, unseren Lesern schon hier den vollen Wortlaut dieser Argumentation nicht vorenthalten zu dürfen:

Zur Darlegung unserer Ansichten erlauben wir uns, eine aus dem Leben gegriffene Thatsache zu erzählen.

Es war i. J. 1874, als ein protestantischer hannoverscher Edelmann einen katholischen preußischen Standesgenossen aufforderte, sich bei einer Kundgebung zu Gunsten der Rechtsgrundsätze in der Politik im Allgemeinen und unter Anwendung derselben auf die trotz der Annexion von Hannover noch von König Georg aufrecht erhaltenen Rechtsansprüche zu betheiligen. Der katholische preußische Edelmann, welcher vollständig den politischen Standpunkt des protestantischen Hannoveraners theilte, aber nicht wie dieser gerade direkt durch die Annexion Hannovers betroffen war, erklärte seine Bereitwilligung zur Betheiligung an jener Kundgebung unter der Bedingung, daß der Anwendung der proklamirten Rechtsgrundsätze auf den depossedirten König Georg von H. auch eine kurze Hindeutung auf den gleichfalls depossedirten Papst beigefügt werde. Diese Bedingung glaubte der Hannoveraner trotz seiner persönlichen Sympathie für den Letzteren, aus Rücksicht auf seine protestantischen Parteigenossen nicht erfüllen zu dürfen, und so lehnte nun auch der katholische Preuße seine Betheiligung an jener Kundgebung ab. Als aber in den folgenden Jahren die wuchtigen Hammerschläge des Fürsten Bismarck mehr und mehr die Welfen mit den Ultramontanen zusammenschweißten, sah der katholische preußische Edelmann zu seiner Freude jenen protestantischen hannoverschen Standesgenossen im Reichstage als Hospitant des Centrums rückhaltlos mit diesem, selbst in kirchlichen Fragen stimmen, und derselbe würde unzweifelhaft dort auch für die weltliche Herrschaft des Papstes mit offenem Visir eingetreten sein, wenn bis zu seinem vor wenigen Jahren erfolgten Tode diese Sache im Reichstage zur Sprache gekommen wäre.

Auch in den preußischen konservativen Kreisen haben sich Gott sei Dank die Begriffe über göttliches und menschliches Recht wieder mehr und mehr geklärt, besonders seitdem der Druck, den der einst so mächtige Fürst Bismarck auf jene Kreise ausgeübt hatte, durch einen noch Mächtigeren hinweggehoben worden ist.... Auch die protestantische „Kreuzzeitung" mußte das Zugeständniß machen, „daß der preußische Königsthron und die letzte Hufe eines protestantischen Pfarrers unter gleichem Rechte stehe, wie die weltliche Herrschaft des Papstes".

Da ist es denn nun das D. A., welches unter dem Titelbilde des heiligen Ritters Georg seit einer Reihe von Jahren mit Muth und Ausdauer dem deutschen Adel die Fahne der Legitimität, Autorität und Unabhängigkeit der Gesinnung voranträgt.

Von den vielen Artikeln, in welchen es diese Grundsätze vertheidigt, wollen wir besonders auf diejenigen hinweisen, welche unter der Ueberschrift: „Sind die Welfen Reichsfeinde?" in Nr. 30, 31 und 32 des vorigen Jahrganges enthalten sind und wobei wir nur an Stelle der Bezeichnung „Welfen" „glaubenstreue Mitglieder des katholischen Adels" zu setzen brauchen, um sie als Antwort auf die oben gestellte Frage, nach der Stellung unserer nichtkatholischen Standesgenossen bezüglich der weltlichen Herrschaft des Papstes, für uns selbst in Anspruch nehmen zu können.

Der bequemeren Ueberficht wegen bleiben wir vorerst noch bei dieser Artikelserie stehen. Dieselbe stellt sich nämlich den zunächst zu unserem Sendschreiben Anlaß gebenden Artikeln, welche die evangelischen Edelleute zur Gefolgschaft der Jesuiten aufforderten und die durch nichts provozirten Angriffe gegen den Ev. Bund richteten, würdig zur Seite. Es dürfte in der That kaum möglich sein, die glaubenstreuen Evangelisten in höhnischerer Weise herauszufordern. In wörtlichem Anschluß an die eben gekennzeichneten, überdies aber in längerem Wortlaut nochmals wieder abgedruckten Ausführungen seines welfischen Vorbildes fährt nämlich der Artikel 1892 Nr. 13 (S. 252) fort:

Vorstehende Sätze enthalten die Grundzüge zum gemeinsamen Handeln des Adels der verschiedenen Konfessionen bei einzelnen Gelegenheiten.

Eine solche bietet uns die sog. „römische Frage", welche, wenn auch nicht unmittelbar, so doch mittelbar den nichtkatholischen Adel betrifft. Denn diese Frage ist durchaus nicht, wie der Minister di Rudini im römischen Parlamente sagte, längst todt und begraben, sondern sie wird immer wieder auf der Tagesordnung erscheinen, bis sie eine den Papst und die Katholiken befriedigende Lösung gefunden haben wird.

Was wir nun von unseren nichtkatholischen Standesgenossen hoffen und erwarten, das ist nicht, daß sie in dieser Frage etwa die Initiative ergreifen sollen, sondern nur daß sie, im Fall dieselbe in irgend einer Form direkt an sie herantreten sollte, und dies wird gewiß über kurz oder lang ganz von selbst geschehen, sich nicht scheuen möchten, offen Farbe zu bekennen und **waffenbrüderlich** ihren katholischen Standesgenossen zur Seite zu treten*).

Auch über das, was vermöge dieser „Waffenbrüder=schaft" hinsichtlich der für jeden patriotischen Italiener un=antastbaren Hauptstadt und der von dem internationalen Republikanismus befehdeten italienischen Dynastie erzielt werden soll, läßt unser Verfasser durchaus nicht in Zwei=fel (S. 251). „Jene Andeutungen genügen, um zu zeigen, daß eine Verständigung über die fraglichen Punkte sehr wohl möglich ist, sobald auf der anderen Seite ein ebenso guter Wille vorhanden wäre, als auf Seiten des Papstes. Freilich müßte, um eine Verständigung mit der Savoyi=schen Dynastie möglich zu machen, diese sich erst von der revolutionären Partei, welche sie nach Rom getrieben hat, loszumachen verstehen. Gelingt ihr dies nicht, so wird sie von dieser verschlungen werden, und es ist frag=lich, ob es **dem Papstthum nicht leichter werden wird, eine Verständigung mit der dann an ihre Stelle tretenden Macht herbeizuführen**, als mit dem jetzigen sog. Königreich Italien."

Von dem gleichen Geist wie jene unverhüllten Drohun=gen gegen unseren treuen italienischen Bundesgenossen zeu=gen auch die übrigen in dem historischen Rückblick ange=führten Thatsachen. Obenan steht darunter die an Kaiser Wilhelm nach Versailles gesandte Deputation, welche die Intervention in Italien nachsuchen sollte (vom 8. Fe=bruar 1871). Die ablehnende Antwort hat bekanntlich die Mobilmachung des Centrums und damit den Beginn des

---

*) Die Art der gewünschten „Waffenbrüderschaft" ist bereits durch die Note zu S. 226 gekennzeichnet, welche die Namen der seit dem Jahre 1859 bei den — päpstlichen Zouaven eingetretenen „deutschen Edelleute" aufzählt.

politischen Kulturkampfs zur Folge gehabt. Als besonders beweiskräftig für die evangelischen Edelleute werden ferner die Rede des Herrn von Schorlemer-Alst in Danzig, sowie die ihr bald nachher gefolgte Allokution des Papstes vom 14. December 1891 angeführt. Dagegen haben wir die bitteren Klagen des heiligen Vaters über das schwerste Leid, welches die „Okkupation" Roms ihm verursache, daß er nämlich straflos ketzerische Tempel sich erheben sehen müsse, vermißt. Um so energischer wird dann nochmals die schon im Beginn des Artikels genannte Erklärung Kalnoky's vom 27. November 1891 betont. Dieselbe wird nicht nur als „offizielle, entschiedene Anerkennung" der „Rechtsgrundsätze, auf welchen die Ansprüche des Papstes beruhen", gedeutet, sondern geradezu als der „Beginn einer neuen Wendung zum Guten". Es werden ihr sogar vier einzelne „Schlußfolgerungen" entnommen, denselben jedoch überdies ausdrücklich noch beigefügt: „Es liegt uns fern, den für uns einzig maßgebenden Entschließungen des hl. Vaters in irgend einer Weise vorgreifen zu wollen."

Diese „einzig maßgebenden Entschließungen" sind für die französischen Legitimisten bereits dahin ergangen, in das Lager der Republik überzugehen. Es dürfte daher kaum einen tragikomischeren Widerspruch geben, als denjenigen, in welchem diese „einzig maßgebenden Entschließungen" zu dem Appell an die deutsch-evangelischen Legitimisten stehen:

Wenden wir uns nun zum Schluß an diejenigen unserer nichtkatholischen Standesgenossen, welche die Verfechtung der Grundsätze der Autorität und Legitimität auf ihre Fahne geschrieben haben, mit der Bitte uns zu gestatten, ihnen sagen zu dürfen, welche Stellung wir wünschten, daß sie zur römischen Frage einnehmen möchten.

Doch nein! Um vieles ärger noch als dieser innere

Widerspruch in der politischen Haltung ist derjenige in der religiösen Position. Genau so wie in dem vielbesprochenen Jesuitenartikel muß auch hier das arme Apostolicum herhalten, um mit den Worten seines welfischen Vorbildes auch dem ultramontanen Herrn die Schlußfolgerung zu ermöglichen: „Wie in unserer Genossenschaft beide Bekenntnisse sich die Bruderhand reichen auf dem gemeinsamen Boden des Apostolicums, so auch unsere Brüder aus Nord und Süd, Ost und West auf der gemeinschaftlichen Basis der allgemeinen Adelsgrundsätze." Dieses „Reichen der Bruderhand" hat jedoch den Verfasser nicht davon abgehalten, den von seinen adligen Vätern ererbten evangelischen Glauben abzuschwören. Als Verfasser zeichnet R. v. R. Es ist unwidersprochen geblieben, daß diese Chiffre die des Herrn Rochus von Rochow ist, der schon im Jahre 1852 zur Papstkirche übergetreten ist*).

So pathologisch aber auch der Entwickelungsgang der „Konvertiten" — um uns unserer ketzerischen Sitte gemäß höflich auszudrücken: der papale Sprachgebrauch, wie er zur Zeit mit spezieller Vorliebe auf den glaubenstreuen Döllinger angewandt wird, kennt nur „Apostaten" — beinahe ausnahmslos ist, so verdienen dieselben doch sicherlich ein höheres Maß von persönlicher Achtung als diejenigen, welche scheinbar bei dem evangelischen Bekenntniß verharren, in Wirklichkeit aber denjenigen Heeresfolge leisten, welche mit dem Papste selber die gleiche Unterdrückung der evangelischen Kirchen in Rom anstreben,

*) Vgl. m. Wege nach Rom S. 100.

um die in Madrid so unverhüllt petitionirt wird. Auch nach dieser Seite ist nun aber die gleiche Artikelserie wieder besonders bezeichnend. Den Artikeln des Herrn R. v. R. hatte die Redaktion die Anmerkung vorhergeschickt:

Wir geben den interessanten Artikel unverkürzt wieder, ohne schon heute zu der beregten Frage direkt Stellung zu nehmen. Wir behalten uns das vielmehr für eine der späteren Nummern vor.

Einen von der Redaktion gezeichneten Artikel haben wir nun zwar nicht gefunden, dafür aber gleich in Nr. 15 einen C. v. H. unterschriebenen Aufsatz unter der gleichen Aufschrift: „Der deutsche Adel und die römische Frage." Das phantastisch Unklare der Anschauung dieses Aufsatzes prägt sich zwar bereits in dem verworrenen Styl aus. Wir können aber nichtsdestoweniger nicht umhin, auch aus ihm einen Auszug zu geben. Zu Gunsten des Verfassers, welcher allen Ernstes an die mit den unfehlbaren Kathedralaussprüchen des Papsts in so denkwürdigem Widerspruche stehende Fabel zu glauben scheint, „daß die katholische Kirche die Bundesgenossenschaft der evangelischen anstrebt", wollen wir dabei immerhin annehmen, daß er nicht weiß, in welcher Weise Herr R. v. R. diese „Bundesgenossenschaft" praktisch ausgelegt hat. Um so weniger aber werden evangelische Christen unter dem deutschen Adel es ohne Widerspruch lassen dürfen, wenn Herr C. v. H. seine persönliche Anschauung ohne irgend eine Ausnahme als die „des evangelischen Theiles des Adels" hinstellt.

Doch gewähren wir auch diesem Mitarbeiter einfach selber — ohne Zwischenrede — das Wort!

An die Spitze des zu gemeinsamem heiligen Kampfe geeinten, zu einem Kreuzzuge moderner Art gerüsteten Volkes muß sich der Adel setzen mit seinen aus dem Begriffe der Legitimität herausgewachsenen unbeugsamen Principien.

„Nur auf dem Boden der Legitimität und der Principientreue

ist der Zusammenschluß, die anzustrebende Einigung des ganzen deutschen Adels zu ermöglichen. — Nur diese Grundsätze können die gemeinsame Basis, das einzig sichere Bindemittel zwischen protestantischen und katholischen Edelleuten bilden", sagt Herr R. v. R. in seinem Artikel „der Adel und die römische Frage".

Dieser Ruf des Herrn R. v. R., der gewiß nicht nur seiner Person, sondern der Anschauung seiner katholischen Confessionsgenossen entstammt, und der weit hinaus auf den Plan erschallt, auf dem sich christliche Ritter zusammenfinden, entspringt voll und ganz dem Gefühle und der Ueberzeugung auch des evangelischen Theiles des Adels . . . . .

Die Legitimität ist eben in Wahrheit international; sie ist nicht eingeengt in die Grenzpfähle eines bestimmten Landes, noch in Herzen und Köpfe von bestimmten Volks- und Glaubensgenossenschaften . . . Und weil der hauptsächlichste Vertreter der Legitimität, der Adel, thatsächlich aus der Geschichte herausgewachsen ist, wird er nie aufhören — so lange er besteht — (und er steht mit der christlichen Kirche) ein politischer Faktor zu sein. Denn in der Politik spiegelt sich die Geschichte ebenso, wie andererseits die Politik ein Wasser ist, dessen Wellen von der Geschichte geschlagen werden.

In der christlichen Gesellschaft, im christlichen Staate aber, dessen christlichen Charakter wir christlichen Edelleute — leider leider dabei gegen den Strom schwimmend — doch um Gottes, um Christi, um unseretwillen, wie auch nicht zuletzt unseren Kindern zu Liebe hochhalten wollen, trotzdem der schon damals anklopfende Atheismus ihm vor nun bald zwanzig Jahren durch die entchristlichenden Civilstandsgesetze den Stempel der Religionslosigkeit aufgedrückt hat, ist der Legitimismus mit dem Christenthum eng verbunden. Wir können nicht für das eine eintreten, ohne dabei auch das andere zu verfechten.

In einer Zeit wie der unsrigen, die wahrlich an jene der Christenverfolgungen erinnert, bei der Erwägung aber ungleich viel schmerzlicher berührt, als die Neronische, weil heute der Grundstein unserer Kirche schon 1892 Jahre lang in der Welt gegründet liegt und man wohl anzunehmen berechtigt wäre, daß der in diesem langen Zeitraum vom Kreuze ausgegangene Segen wahrlich Veranlassung sein sollte, daß es geliebt, verehrt und beschützt werde; in einer Zeit, wo die festesten weltlichen Stützen mit Vorbedacht und

Sanktionirung ins Schwanken gebracht werden und das traurige Schauspiel sich vor unseren Augen vollzogen hat, daß dem Atheismus, dessen Bekämpfung man proklamirt hatte, plötzlich auf liberales Einreden zum Siege verholfen werden soll, wo dem Antichristenthum alle Thore und Thüren im Staate von einer christenthumsfeindlichen Weltanschauung, die den Anarchismus im unmittelbaren Gefolge hat, nicht nur geöffnet werden, sondern — was weit trauriger ist — geöffnet werden dürfen, ist doch die möglichste Stärkung des so hart angegriffenen Christenthums durch Gebet und durch That, seitens aller wahren Christen eine Sache der höchsten Nothwendigkeit.....

Sollen wir etwa an der Loyalität und Aufrichtigkeit der katholischen Kirche zweifeln? Sollen wir, dürfen wir vergessen, daß unsere Vorfahren ganz derselben Kirche angehört haben, die — das sei unumwunden zugegeben — mehr oder weniger herabgekommen und verbesserungs- also reformbedürftig war, sich aber seitdem die großen ernsten Vorwürfe zu Nutzen gemacht hat?

Die katholische Kirche mit der ganzen Wucht ihrer strammen bewunderungs- und beneidenswerthen Disciplin fest und treu auf ihrem Posten stehend strebt im heiligen Kampfe gegen den aus dem Antichristenthum folgerecht erwachsenen Atheismus, die Bundesgenossenschaft der evangelischen Kirche klaren, weiten Blickes an, vor dem wir uns nicht zu fürchten brauchen, wenn wir fest bleiben. Einigkeit macht immer stark. Soll die evangelische Kirche der Mahnungen des Apostels Paulus und dem Wunsch und Willen Gottes und seines göttlichen Sohnes eingedenk, die so nothwendige Einigkeit in ihrer vielfachen Zersplitterung nicht um so freudiger begrüßen und mit allen Mitteln anstreben? Bundesgenossenschaft, Freundschaft, Geschwistertreue beruhen aber auf gegenseitiger Unterstützung; und deshalb muß der evangelische Theil der Christenheit den katholischen Theil (ebenso wie umgekehrt) in allen berechtigten legtimen Forderungen unterstützen.

Zu diesen berechtigten und legitimen Forderungen gehört auch die, dem Papste die ihm geraubte weltliche Macht wieder zu geben...

Einen Widerspruch gegen den von Herrn R. v. R. gepredigten Vertilgungskrieg gegen Italien haben wir bis=

her im Adelsblatt nicht gefunden. Und doch weiß Jeder, der nur eine schwache Kenntniß italienischer Zustände hat, daß die vaterlandsliebenden Italiener — und zumal die Römer unter ihnen — sich eher das Herz aus dem Leibe reißen lassen würden, als auf ihre Roma intangibile Verzicht zu leisten. Nach dem in einem andern, noch zu besprechenden Falle angewandten Grundsatz würde es also auch diesmal heißen: Qui tacet consentire videtur. Es scheint diese Regel hier um so mehr zuzutreffen, da nicht lange nachher Herr R. v. R. den Muth gewonnen hat, auch mit Bezug auf die innere Politik ähnliche Maßlosigkeiten von sich zu geben. Es geschieht dies in dem Artikel „Die deutsch-konservative Partei und das schwarze Kartell" (1892 Nr. 45). Kurze Zeit vor dem konservativen Parteitag vom December 1892 geschrieben, macht dieser Artikel schon vorher den Versuch, die demselben vorhergegangenen privaten Erklärungen, wie die der Herren von Friesen und Durant, für die von der Mainzer Versammlung so unverhüllt proklamirte Taktik zu verwerthen. Wir lassen die Hauptstellen nochmals einfach in wörtlichem Auszuge folgen.

Sowohl die Aeußerungen des Freiherrn von Friesen, als diejenige des Freiherrn von Durant lassen keinen Zweifel darüber, daß diese Herren es für nothwendig halten, daß die deutsch-konservative Partei sich als eine auf dem Boden des positiven Christenthums stehende betrachte und auch öffentlich bekenne...... Nach solchen Ansichtsäußerungen von hervorragenden Mitgliedern der deutsch-konservativen Partei liegt es nahe, die Frage aufzuwerfen: wie wird sich unter den obwaltenden Umständen diese Partei in Zukunft zu den Wünschen und Forderungen der Katholiken Deutschlands, wie solche in verschiedenen öffentlichen Kundgebungen zum Ausdruck gelangt sind, verhalten?.....

Wenn wir von Wünschen und Forderungen der Katholiken Deutschlands sprechen, so fassen wir diese letzteren im weiteren Sinne, und nicht nur im Sinne des Centrums, welches deren parlamentarische Vertretung bildet, ebenso wie die konservativen Fraktionen nur die parlamentarischen Vertreter der deutschen Konservativen sind. Besitzen doch die Katholiken Deutschlands, außer der bekannten wohl= disciplinirten Organisation des Centrums auf politischem Gebiete noch Organisationen auf andern Gebieten, welche ineinander greifen und den Centrumsfraktionen des Reichstages und der einzelnen Land= tage den Rückhalt bieten, dessen sie bedürfen, um auf dem so außer= ordentlich schwierigen parlamentarischen Terrain mit voller Sicherheit zu operiren und so große Erfolge zu erzielen.

Das Fundament bildet natürlich die rein kirchliche Organisation, welche in den Pfarrern, den Bischöfen und in letzter Instanz dem Papste ihre hierarchisch gegliederte Vertretung findet. Neben dieser Organisation, aber in engster Anlehnung an dieselbe, hat sich, be= sonders seit d. J. 1848, in Deutschland das katholische Vereins= leben entwickelt und über alle Kreise des Volkes erstreckt, sodaß dieses jetzt auch nach dieser Richtung hin eine weitverzweigte Organisation besitzt. Gleichzeitig mit dem Vereinsleben hat sich die katholische Presse zu einer über ganz Deutschland verbreiteten Macht entwickelt, welche die Aufgabe erfüllt, einerseits als Bindeglied der deutschen Katholiken unter einander, andrerseits als öffentliches Organ derselben zu dienen. Für alle diese verschiedenen Organisationen auf kirchlichem, politischem und socialem Gebiete bilden nun die alljährlich stattfin= denden Generalversammlungen der Katholiken Deutschlands einen Vereinigungspunkt . . . . .

Die Bedeutung, welche diese alljährlich wiederkehrenden Heer= schauen der deutschen Katholiken haben, erstreckt sich nicht nur auf diese selbst, sondern auch auf weitere Kreise, und ist, wie die letzte Generalversammlung zu Mainz wieder bewiesen hat, in stetem Wach= sen begriffen . . . . . Den Katholicismus könnte man mit einer Kugel vergleichen, welche von den verschiedensten Seiten betrachtet, dasselbe einheitliche Bild darbietet, welche aber ihr Wesen als Kugel verlieren würde, sobald man an irgend einer Stelle auch nur das kleinste Stück abbrechen oder abschleifen wollte . . . . . Es folgt daraus, daß Jeder, der mit dem katholischen Volke als solchem rechnen will oder muß, dasselbe unter den Gesichtspunkten der Einheit und Un= theilbarkeit seiner kirchlichen Interessen betrachten muß, wenn er Erfolge erzielen will. Diese Einheit und Untheilbarkeit der kirchlichen Interessen im katholischen Volke bieten zwar demjenigen, welcher nicht auf diesem Standpunkte steht und doch mit ihm zu rechnen hat, auf der einen Seite manche Schwierigkeiten, die unter Umständen sich als unüberwindlich zeigen können; sie bieten aber auch andrerseits eine große Erleichterung, wenn man sich nur an die richtigen Autoritäten wendet, welchen **das gut organisirte katholische Volk**, wie jetzt in Deutschland, zu folgen gewohnt ist.....

Glaubt nun eine Partei z. B. die deutsch-konservative zur Erreichung ihrer Ziele jetzt der Unterstützung des in obiger Weise organisirten katholischen Volkes zu bedürfen, so möge sie mit sich zu Rathe gehen, ob, bezw. unter welchen Bedingungen sie ein sog. „schwarzes Kartell" eingehen will und kann?

Dieses Kartell würde nach unserer Ansicht beiden Theilen nur die eine Verpflichtung stillschweigend auferlegen, jeden Angriff auf die andere Partei und deren Interessen, Ziele und Bestrebungen in öffentlichen Versammlungen und in der Presse sorgfältig zu vermeiden, oder wo dieselbe doch von einzelnen Mitgliedern nicht inne gehalten werden sollte, dies von Seiten der Parteileitung zu mißbilligen. So dürfte freilich das neuzurevidirende konservative Parteiprogramm auch nicht mehr jenen zum Art. 4 des Programms von 1876 gehörenden Satz in derselben Fassung enthalten, welcher lautet:

„Wir erkennen einerseits dem Staate das Recht zu, kraft seiner Souverainität, sein Verhältniß zur Kirche zu ordnen, und werden die Staatsgewalt den entgegenstehenden Ansprüchen der römischen Kirche gegenüber unterstützen."

Ebenso müßten in Zukunft in Versammlungen der konservativen Partei und der Parteipresse solche Ausdrücke wie: „römischer Aberglaube", „päpstliche Anmaßungen" u. dgl. vermieden werden, denn dieselben wirken verletzend auf die Katholiken und erweitern immer wieder von Neuem die Kluft, welche möglichst zu schließen im allseitigen Interesse liegt.....

Hat sich erst auf Grund eines solchen stillschweigend abzuschließenden „schwarzen Kartells" zwischen der konservativen Partei und den Katholiken Deutschlands eine paritätische und rücksichtsvolle Gepflogenheit auf beiden Seiten in der Praxis eingelebt, so wird es um so leichter für die betreffenden parlamentarischen Vertretungen sein, in den Fragen, in welchen aus lokalen und anderen Gründen Ansichtsverschiedenheiten durchaus berechtigt sind, wie man sich auszudrücken pflegt, von Fall zu Fall Kompromisse unter einander abzuschließen....

In dem auffälligsten Korrelatverhältniß zu den Forderungen, welche ein aus der evangelischen Kirche Ausgetretener an die evangelischen Konservativen zu stellen wagt, stehen nun aber ferner die auf eine sogenannte „Reform" dieser Kirche selber gerichteten Vorschläge, welche ein evangelisches Mitglied der preußischen Generalsynode für diese letztere selbst formulirt hat: „Kirchenreform. Dringende Bitte an die preußische Generalsynode." Es geschieht dies in den gleichen Artikeln (1891 Nr. 44—47), welche dem evangelischen Bunde den Krieg angekündigt haben. Der Ursprung und die Bestrebungen desselben sind hier in einer Weise entstellt, die kaum zu überbieten sein dürfte. Schon in dem ersten der vier auf die Beeinflussung der Generalsynode berechneten Artikel wird nämlich ausdrücklich erklärt, daß die „Bestrebungen des Bundes" „entschieden verurtheilt" werden müssen. Und dann heißt es weiter (S. 780):

Nicht „gegen Rom" muß jetzt der Kampfruf lauten, sondern „gegen den Atheismus", nicht gegen die Jesuiten, sondern gegen den Geist des Judenthums und der glaubenslosen Socialdemokratie. Außerdem aber wird durch die überwiegende Betonung des Kampfes wider Rom, der Blick von den weit näher liegenden und viel größeren Gefahren und Schäden unserer Kirche in ihrer eigenen Mitte abgelenkt.

Um den evangelischen Bund schaart sich, außer verhältnißmäßig wenigen positiven Geistlichen, die gesammte liberale Theologie aller Schattirungen. Er ist das auf das kirchliche Gebiet übertragene Kartell, eine zweite Auflage des Protestanten-Vereins, dessen Mißerfolg die Gründer durch ein unschwer zusammenzuraffendes Massenaufgebot gegen Rom wett zu machen, und durch eine momentan populäre Idee neu zu beleben versuchten.

Die durch und durch unwahre Schilderung der einzigen Bestrebungen, welche bisher mit Erfolg an der inneren Einigung der evangelischen Kirche gearbeitet haben, hebt sich dabei um so greller ab, wo der Verfasser anderswo die captatio benevolentiae an „alle kirchlichen Parteien" nicht scheut. Vgl. S. 814:

An diesem großen Werke, dieser wahrhaften Lebensfrage des Protestantismus (nämlich der Selbstregierung der protestantischen Kirche) mitzuarbeiten, das sollten alle kirchlichen Parteien als ihre erste und wichtigste Hauptaufgabe betrachten, zu deren Lösung sie alle Lehrstreitigkeiten, allen inneren Zwiespalt bis zu günstigeren, friedlicheren Zeiten vertagen und sich zur gründlichen Durchführung dieser Forderungen einmüthig verbinden sollten.

Der eigentliche Ausgangspunkt des Verfassers ist aber freilich derart, daß seine Antipathie gegen den ev. Bund begreiflich genug ist. Denn schwerlich läßt das Vorbild der Papstkirche sich rückhaltloser zur Nachahmung empfehlen als es hier S. 836 geschieht:

Wie die starke freie katholische Kirche bei uns in Deutschland eine staatserhaltende, monarchische Macht von eminentester Bedeutung ist, so muß endlich auch unsere protestantische Kirche zu einer solchen Großmacht erhoben werden.....

Gott gebe, daß wir uns ein Beispiel nehmen an dem glänzenden Vorbilde unserer katholischen Standesgenossen, diesen hochherzigen Führern des katholischen Volkes im Kampfe für die Freiheit ihrer Kirche, die, selbst auf die Gefahr hin für „Reichsfeinde" gehalten zu werden, ja, momentan die Gnade ihres königlichen Herrn zu verlieren, mit blutendem Herzen zwar, aber dennoch standhaft nach dem Bibelwort handelten „Du sollst Gott mehr gehorchen als den Menschen", und die sich in dem schwersten Widerstreit der Pflichten, der einem treuen Diener seines Königs auferlegt werden kann, so glänzend bewährt haben.

Durch diesen tapferen Widerstand haben sie nicht nur ihre Kirche vor der Omnipotenz des Staates, und dadurch vor dem Schicksal der protestantischen Kirche bewahrt, sondern auch Thron und Vaterland den größten Dienst geleistet dadurch, daß jetzt wenigstens eine christliche Kirche so stark und mächtig dasteht, um dem wild wogenden Meere des socialen Umsturzes einen festen Damm entgegen zu setzen.

Unsere katholische Schwesterkirche hat aufs Glänzendste und

Unwiderleglichste den Beweis des Werthes und der Nothwendigkeit dieser Freiheit geliefert. Denn was ist es anders, das ihr zu dieser nie geahnten Blüthe und Machtstellung verholfen hat, als ihre Unabhängigkeit vom Staat, ihre vortreffliche Organisation und kraftvolle Oberleitung?

Die zuletzt angeführten Worte beweisen allerdings deutlich genug (was wir zur Entschuldigung des Verfassers ausdrücklich hervorheben wollen), daß jener ganze Panegyricus auf die Blüthe- und Machtstellung — wie schon vorher auf die Großmachtstellung — der Papstkirche einfach dem Zweck dient, die sog. Hammerstein'schen Anträge zur Annahme durch die Generalsynode zu empfehlen. Wir sind auch unsererseits durchaus nicht geneigt, darum weil diese Anträge von einem exklusiven Parteilager ausgingen, das in denselben gelegene berechtigte Moment zu verkennen. Bei der Begründung des „evangelischen Bundes" ist es nachdrücklich erklärt worden, daß derselben nichts weniger als ein Gegensatz gegen diese Anträge zu Grunde läge. Auch der Verfasser persönlich hat bei mehr als einem Anlaß darauf hingewiesen, daß die (allerdings sehr verschiedener Auslegung fähigen) darin aufgestellten Forderungen, wenn in wirklich evangelischem Sinne verstanden, von ihm nur warm unterstützt werden könnten. Aber sogar die so hochcharakteristische parlamentarische Unterstützung dieser Anträge durch die Centrumsfraktion ist doch kaum so geeignet gewesen, jeden wirklich evangelischen Christen stutzig zu machen, als die im A.B. gegebene Begründung. Wir wollen es nicht einmal besonders betonen, daß das von dem Zustande der Papstkirche gezeichnete Bild eine kaum zu überbietende Unkenntniß ihrer inneren Zustände seit dem Infallibilitätsdogma bekundet. Aber noch viel weniger geht es doch an, alles das konsequent zu ignoriren, was von den officiellen päpstlichen Erlassen bis zur niedrigsten Kategorie der Kaplanspresse in der Besudelung des evangelischen Glaubens geleistet wird. Man fragt sich mit Staunen: Ist es denn wirklich möglich, daß ein Mann, der an die evangelische Kirche mit der Forderung herantritt „der Schwesterkirche" Gefolgschaft zu leisten, niemals eine Zeile gelesen hat von den päpstlichen Kathedralsprüchen gegen die evangelische Kirche, niemals etwas gemerkt hat von dem systematischen Vertilgungskrieg des restaurirten Jesuitismus gegen alles, was aus der Reformation erwachsen ist?

Nicht genug aber, daß die thatsächliche Stellung des Papstthums gegenüber der evangelischen Kirche völlig außer Betracht bleibt, muß auch hier wieder die Phantasterei von dem gemeinsamen Bekenntniß zur Täuschung über die wirkliche Sachlage hethalten (S. 780):

Vor dem Altare des Kaiserdomes in Berlin wird das gleiche Glaubensbekenntniß abgelegt wie am Altare des Papstes in Rom.

Und doch ist diese immer wiederkehrende Entstellung des Verhaltens der Papstkirche noch nicht das Bezeichnendste in den die „Kirchenreform" fordernden Artikeln. Denn es wird in denselben überhaupt nicht auf irgend ein innerkirchliches Interesse recurrirt, um so offener dagegen auf die Verwerthung der Kirche für außerkirchliche Parteizwecke. Wiederholt begegnen uns die gleichen Argumentationen, wie in dem für die Stuart'sche Dynastie so verhängnißvoll gewordenen Programm: „No bishop no king." Mit ausdrücklicher Zustimmung wird das Höhler'sche „Wort zum Frieden" erwähnt, jener in echt jesuitischer Weise auf die höchsten Güter des Protestantismus gerichtete Angriff, der selbst die Majunke und Hohoff hinter sich ließ. Ja, es wird in der naivsten Weise erklärt, daß die Stärkung des monarchischen Princips und der socialen Stellung des

Adels es erfordere, daß auch die evangelische Kirche in eine ähnliche Form gegossen werde, wie die Papstkirche.

Es möge hier wenigstens eine kleine Blumenlese derartiger Ausführungen folgen (S. 777/8):

Daß der Edelmann aus religiösen Gründen, für sein eigenes Seelenheil, eine starke, lebenskräftige Kirche wünschen muß, bedarf keines Beweises. Aber auch aus **weltlichen Ursachen**.

Die Bedeutung und dementsprechend auch die Aufgabe der Kirche ist eine doppelte..... Die Kirche ist nicht nur für den Himmel da, sondern auch für die Erde; der Pastor hat nicht nur einen geistlichen, sondern auch einen weltlichen Beruf. Die Kirche ist die höchste geistige Macht, nicht nur auf religiösem, sondern auch auf socialem Gebiet; sie ist darum auch für das irdische, staatliche Leben von allerhöchster, ja von entschiedenster Wichtigkeit..... Diesen ihren weltlichen Beruf hat die protestantische Kirche nur zu lange verkannt, und gegen den geistlichen viel zu sehr unterschätzt und vernachlässigt. .... **Es ist die höchste Zeit, daß wir die Kirche diesem ihrem irdischen Berufe zurückgeben, zur Erfüllung desselben sie mehr als bisher befähigen**.....

Eine dieser wichtigsten weltlichen Aufgaben der Kirche, ganz besonders in unserer Zeit, ist es, die Obrigkeit und alle anderen göttlichen Ordnungen auf Erden zu schützen und zu stützen.......

Deshalb rufen wir, die wir die Thronwacht halten, nicht nur als Christen, sondern auch als Royalisten, nach der Stärkung der Kirche und wünschen dringend die Wiederherstellung ihres Einflusses auf das Volksleben...... **Unsere ganze geistige und sociale Entwickelung der letzten Jahrzehnte, unsere ganze Weltanschauung ist eine falsche, verderbliche gewesen**. Retten aus diesem Sumpfe des Liberalismus, Materialismus und Atheismus, in den wir gerathen sind, kann uns nur eine gründliche Umkehr zum Geiste des christlich-konservativen Princips....

Um dieses Rettungswerk auszuführen, um diesen ihren lang verkannten weltlichen Beruf, das vor Fäulniß bewahrende Salz der Erde, der Genesungsquell unseres kranken Weltkörpers zu sein, erfüllen zu können, dazu muß die Kirche eine Macht sein. Das aber ist die protestantische Kirche nicht.... Wir wollen die protestantische Kirche durch eine Reform und dadurch gewonnene

Stärkung, nur desto mehr befähigen, ihre weltlichen Aufgaben mehr als bisher zu erfüllen.... Wer politisch konservativ sein will, der muß vor allem den Glauben konserviren; wer das Königthum stützen will, der muß zuvörderst die Religion und die Kirche stärken. So ist die kirchliche Frage zugleich eine eminent konservative und monarchische und daher eine hervorragende Adelsfrage.....

Der Tendenz, welcher die dergestalt als „hervorragende Adelsfrage" hingestellte „Kirchenreform" dienen soll, steht die in dem zweiten Artikel gegebene Schilderung des inneren Lebens der evangelischen Kirche würdig zur Seite. Auch hier ist jedoch nur wieder eine knappe Blüthenlese möglich (S. 796/9):

Die protestantische Kirche ist todt. Die ihr gegebene Verfassung ist der Sargdeckel, darin sie auf Staatskosten in jahrhundertelangen Prozessionen soll beerdigt werden.

Das Dogma ist der Ausgangspunkt, der Halt und das Rückgrat alles kirchlichen Lebens und Wesens. Ein Christenthum ohne Dogma leidet an Knochenerweichung.

Die moderne Theologie, der kirchliche Liberalismus mit seinem bekenntnißlosen Subjektivismus und zersetzenden Kritizismus ist die größte Gefahr für unsere Kirche, ungleich größer als Rom und alle äußeren Feinde.

Diese Richtung ist aber nicht nur für die Kirche von der größten Gefahr, sondern auch höchst bedenklich für den Staat. Denn wer kirchlich nicht korrekt steht, der hat meist auch politisch sehr zweifelhafte Gesinnungen. Kirchlicher und politischer Liberalismus, kirchliche und staatliche Opposition decken sich fast immer. Wer sich nicht unter die Autorität seines Glaubensbekenntnisses, unter die Satzungen seiner Kirche beugen will, der fügt sich natürlich noch viel weniger unter den Zwang staatlicher Ordnungen.

Die Erfahrung hat gelehrt, daß ungläubige Pastoren fast immer auch zu der liberalen Oppositionspartei gehören, sobald sie irgendwie politisch hervortreten. Natürlich: denn wer an einer göttlichen Ordnung rüttelt, der untergräbt sie alle.

Von einer Grundlage aus, für welche jede auf ehrlichem Wahrheitsstreben beruhende abweichende Ueberzeugung „an den göttlichen Ordnungen rüttelt", sind naturgemäß auch die Konsequenzen nicht mehr verwunderlich), die die vatikanische „Beugung unter die Satzungen der Kirche" auch der evangelischen Kirche als Rezept vorschreiben. Der Verfasser ist denn auch für den Vorwurf des Romanisirens gar nicht mehr empfindlich. Man höre nur, was im dritten Artikel (S. 814 ff.) hierüber gesagt wird:

Man entgegne uns doch nicht, daß diese Bestrebungen „romanisirend", daß sie unvereinbar seien mit dem viel mißbrauchten Wort von dem „protestantischen Geist" der „evangelischen Freiheit".

Zunächst kommt es bei Entscheidung solch äußerer Organisationsfragen gar nicht darauf an, ob diese protestantisch oder katholisch sind. . . . .

Warum blüht und gedeiht denn die katholische Kirche trotz ihres alten Glaubens und ihres „veralteten" apostolischen Bekenntnisses?

Ueberdies wird dann noch auf die Rede „des großen Führers des Centrums" zu Gunsten der Hammerstein'schen Anträge nachdrücklich hingewiesen.

Die Schlußbetrachtung des vierten Artikels (S. 835 ff.) gipfelt endlich darin, daß die aufgestellten Forderungen in vierfacher Beziehung als berechtigt erkannt werden müssen. Das will nämlich sagen: von den Lesern des Adelsblattes als Christen, als Royalisten, als Konservativen und als Edelleuten. Mit der Aufzählung aller dieser Gründe für seine „dringende Bitte an die preußische Generalsynode" hat sich jedoch der Verfasser immer noch nicht genug gethan. Er fügt auch die unverhüllte Drohung hinzu (S. 836):

Findet das Sehnen vieler ernster, gläubiger Protestanten nach einem festen kirchlichen Regimente, nach Einheit, Zucht und Autorität, nach Heilung der vielen Schäden unserer Kirche nicht bald Erfüllung, so werden sie sich immer mehr den festen Gefügen der katholischen Kirche zuwenden.

Doch genug! Denn daß es im höchsten Grade im Interesse der evangelischen Kirche liegen würde, wenn sich diese „Zuwendung" möglichst bald auch vor der Oeffentlichkeit vollziehen würde, darüber wird unter denen, welche wirklich wissen, was sie an der Kirche des Evangeliums haben, nachgerade kein Zweifel mehr möglich sein. Obgleich die Verhandlungen der Generalsynode heute schon lange hinter „aktuelleren" Fragen zurückgetreten sind, haben die darauf bezüglichen Artikel des Adelsblatts noch durchaus nichts von ihrer „Aktualität" eingebüßt. Nur derjenige, welcher sie in ihrem vollen Zusammenhang kennt, ist im Stande, sich ein selbständiges Urtheil darüber zu bilden, von welchen Gefahren die Leitung der evangelischen Kirche damals bedroht war. Aber nicht nur diese Artikel, sondern auch eine ganze Reihe anderer verlangen die ernste Beachtung aller treuen Glieder der evangelischen Kirche. Wir stellen daher wenigstens noch ein kurzes Verzeichniß zusammen und schließen demselben noch einige beiläufige Lesefrüchte an.

In dem Jahrgang 1889 finden sich zwar auch bereits Belege genug für die kluge Benutzung des „paritätischen" Organs seitens der jesuitischen Propaganda. So in der Reklame der „Paulinus-Druckerei" in Trier für die Schriften des Jesuitenpaters von Hammerstein, mit dem bezeichnenden Passus über die „Nichtkatholiken, welche die katholische Kirche und ihre Macht nur aus antikatholischen Quellen kennen" (S. 782). So in dem mit Zustimmung angeführten Citat aus de Maistre: „Wir verwildern durch die Wissenschaften, und das ist der höchste Grad von Verwilderung, wenn nicht die Religion der Balsam ist, welcher die Wissenschaften vor der Verderbniß bewahrt" (S. 385). Dagegen durften wir bereits oben aus dem glei=

chen Aufsatz, welchem dieses Citat angehört, eine wirklich geschichtliche Ausführung über den französischen und englischen Adel anführen. Und der ganze durch 22 Nummern hindurchgehende Aufsatz „Neuer Adelsspiegel" gehört zu denjenigen Arbeiten, welche doch nicht blos Schlagwörter enthalten und in ihren phantastischen Plänen moderner Kreuzzüge im eigenen Lande an diejenige Literatur erinnern, deren verhängnißvollen Einfluß auf seinen Helden Cervantes so unübertrefflich gemalt hat. Um so greller hebt sich die echte Donquixoterie ab, wo mit dem Begriff „christliches Recht" in der seit Karl Ludwig Haller üblichen Verwechslung privatrechtlicher und völkerrechtlicher Kategorien argumentirt wird. Gerade die „Vertiefung des Adelsgedankens", auf die so viele Artikel den Schwerpunkt legen, hat zu dieser Verwechslung oft genug Anlaß gegeben. Auch die historischen Rückblicke auf das „Centenarium in Frankreich" verrathen schon durch die Art, wie die unglücklichsten Jahre Friedrich Wilhelm's IV. als vorbildlich hingestellt werden (vgl. z. B. S. 453), eine völlige Entfremdung von den Wirklichkeiten des Volkslebens. Die Schlußermahnung (S. 488) aber gipfelt geradezu darin, „allen Hetz-Clubs und Bünden je eher je besser das Handwerk zu legen".

Schon bevor zuerst die welfischen und dann die ultramontanen Mitarbeiter sich in den Vordergrund drängen, treten somit die gegenwärtig ärger wie je von den letzteren mißbrauchten Vordersätze dem aufmerksamen Beobachter vielfach entgegen. Ebenso lohnt es sich in hohem Grade, in dem sonst noch neutraler gehaltenen Jahrgang 1890 die grundlegenden größeren Artikel einer genaueren Prüfung, als sie an diesem Ort möglich ist, zu unterziehen. Hier muß es genügen, die wichtigsten derselben einfach zu nennen: die 6 Artikel „Der Adel, eine Macht des Beharrens" (S. 262 ff.), die 4 „Die Adelsreform und ihre Träger" (S. 522 ff.), die 3 über „Das Standesgewissen" (S. 587 ff.), die 3 über „Der homo novus und der alte Edelmann" (S. 668 ff.), ganz besonders aber die auch später noch viel citirten 10 Artikel „Einkehr, Umkehr, Rückkehr" (S. 436 ff.). Während sonst im Allgemeinen die kirchlichen Fragen in diesem Jahrgang noch wenig hervortreten, wird hier die „Mitschuld der Kirche" fast in gleichem Sinn wie in den späteren Artikeln über „Kirchenreform" aufgefaßt. Schon das Citat aus Kardinal Manning (S. 706) ist bezeichnend für die Stellung des Verfassers zum evangelischen Glauben. Immerhin ist auch jetzt noch hin und wieder eine gewisse Selbständigkeit der klerikalen Demagogie gegenüber verspürbar. Es ist denn doch noch nicht völlig vergessen, daß es auch eine demokratisch=ultramontane Tendenz giebt, der z. B. der Freiburger Bote (S. 267) zugewiesen wird.

Der Jahrgang 1891 ist obenan durch den schon oben charakterisirten Artikel „Adel und Jesuiten" gekennzeichnet. Neben ihm verlangen u. A. die Artikel „Junker und Pfaff" (S. 267 ff.) und „Ein Wort über Kirche und Staat" (S. 447 ff.) als speziell das kirchliche Interesse streifend Beachtung. Die schon im Vorjahre sich so lange hinziehenden Artikel über „Einkehr, Umkehr, Rückkehr" haben überdies in Nr. 1—7 eine Fortsetzung gefunden, die wieder obenan die kirchlichen Fragen berührt. Das genauere Studium sowohl dieser wie einer Reihe geistesverwandter Artikel kann vom kirchlichen Standpunkte aus nur dringend empfohlen werden. Freilich lernt man dabei erst recht den grellen Gegensatz kennen, der zwischen den religiös=sittlichen Aufgaben der Kirche und allen denjenigen Tendenzen besteht, welche dieselbe zur Magd außerkirchlicher politischer Bestre=

bungen zu machen bemüht sind. Erst von diesem allgemeineren Hintergrund aus erklärt sich zugleich der immer ärgere Mißbrauch des Apostolicums als der Grundlage der „Partei bewußter Christen", wie der Verfasser der „Bitten" an die Generalsynode es zu bezeichnen beliebt. Was bisher eine Ausnahme bildete, wird jedoch mit dem folgenden Jahrgang 1892 geradeswegs zur Regel.

Es würde sich in der That in hohem Grade lohnen, die einschlägigen Ausführungen einmal vollständig zusammenzustellen. Schon vor der so vielen Staub aufwerfenden Erklärung vom 24. Septbr. 1892 finden sich nämlich mehrere, diese Kriegserklärung vorbereitende Artikel, wie „Unser Stand und der Kampf um das Apostolicum" (Nr. 36 7) und der „Unglaube und seine Pfade" (37). Bereits in dem ersten derselben wird der Kirchenregierung von der höheren Instanz des A.B. (ähnlich wie dem rheinischen Konsistorium im Thümmel=Proceß Seitens der „Germania") die Weisung zu Theil:

Das Kirchenregiment muß erfahren, je eher, je besser erfahren, daß der evangelische Adel es müde ist, auf offiziellem Wege durch die Theologen des Unglaubens ungestört unchristliche Lehre eingeschleppt zu sehen (S. 741).

Der Veröffentlichung jener offiziellen Erklärung (in Nr. 40) gesellt sich sodann noch eine gleichzeitige Privaterklärung des Frh. von Durant hinzu*), ein unübertreffliches Vorbild für eine Methode, welche schlechterdings keine andere Meinung neben der eigenen aufkommen zu lassen gewillt ist:

Der vorstehenden Erklärung ... werden sich selbstverständlich

---

*) Von dem gleichen Verf. war schon im Vorjahre (Nr. 50) die Erklärung abgegeben worden, daß er den von der Redaktion in der Jesuitenfrage „eingenommenen allgemein christlichen und paritätischen Standpunkt nur zu billigen vermöge".

alle Mitglieder freudig anschließen, welche dieser Versammlung Mangels an sie ergangener Einladung nicht beigewohnt haben. Der Unterzeichnete erklärt hiermit seine volle Zustimmung, indem er die veröffentlichte Auslassung als eine für jedes Mitglied der D. A.G., zumeist aber für jedes Mitglied des Vorstandes und Ausschusses, statutenmäßige Verbindlichkeit und natürliche Voraussetzung ansieht.

Der offiziell ausgegebenen Parole folgen dann bald weitere Artikel: „Fels in der Brandung", (Nr. 42) „Glossen zur Tagesgeschichte", „Alle Mann an Deck", durchweg mit höchst bezeichnenden Wendungen über die unter den Gesichtspunkt der Standesinteressen gestellte theologische Debatte. In Nr. 49 wird ein Streitgedicht an Dr. Harnack veröffentlicht. Allem Früheren aber setzt der Artikel in Nr. 52 die Krone auf: „Der Edelmann als Christ." Wir entnehmen demselben wenigstens den nachfolgenden Passus:

Außer diesen kirchlichen Gründen bestehen aber noch andere Beweggründe, welche den Edelleuten den Kampf für das Apostolicum zur unabweisbaren Pflicht machen: die Sicherheit der Dynastien und das eigene Standesinteresse. Wenn erst die Grundlagen des Christenthums gelockert und beseitigt sind, dann hat auch der Königsthron seinen festesten Halt verloren; ist erst Christus abgesetzt, dann wird auch sehr bald der König entthront. Das ist noch immer so gewesen. Denn, wenn das Volk sich erst der Majestät Christi nicht mehr beugen will, dann erkennt es erst recht die Autorität des irdischen Königs nicht mehr an. Schon als Royalist darf daher der Edelmann nicht an den Grundfesten unseres Glaubens rütteln lassen.

Aber auch Standesrücksichten verlangen das gebieterisch. Das Apostolicum ist der gemeinsame Glaubensgrund des ganzen deutschen Adels, das feste Band, das Nord und Süd umschlingt, das uns Edelleute unlösbar aneinander kettet und uns eint. Es ist das gemeinsame Banner, um das wir uns schaaren zum Kampf für unsern gemeinsamen Herrn Jesus Christus, gegen die gemeinsamen Feinde des Christenthums überhaupt, der richtigste Anknüpfungspunkt für eine dereinstige Wiedervereinigung, und es ist auch, last not least, die gemeinsame Basis des Zusammenwirkens in der D. A.G.

So haben wir Edelleute die dreifache Pflicht, als Christen, als Royalisten und als Aristokraten, bis auf's Blut zu kämpfen für das heilige Apostolicum.

Wir enthalten uns hier nur deshalb weiterer Auszüge, weil die bisherige Behandlung der ganzen Streitfrage schon längst dazu drängt, daß dieselbe einmal von allem Parteien- und Cliquenwesen losgelöst werde. Denn um einen wirklich objektiven Standpunkt für das allseitige Verständniß dieser neuesten dogmatistischen Selbstzerfleischung des Protestantismus zu gewinnen, müssen nicht nur die kirchlichen Parteiblätter, sondern auch die der politischen Fraktionen, welche von rechts und links Oel ins Feuer gießen, zusammen überblickt werden. Gerade die Stellung des A.B. zu dieser Frage aber fordert stets wieder den Vergleich mit dem entgegengesetzten Extrem in der liberalen Tagespresse heraus. Die hüben und drüben zu Tage tretenden Wünsche sind sich völlig ebenbürtig in dem Mangel an geschichtlichem Sinn und an gemeinkirchlichem Interesse. Aber der unverlierbare Werth, welchen das alte Gemeindebekenntniß für alle Zukunft besitzt, wird durch eine Vergewaltigung der Gemeinde à la Schrempf kaum ärger gefährdet, als durch die durchsichtige Taktik, es als Vorhang zu benutzen, hinter welchem der Gegensatz zwischen Gottesreich und Weltreich, Evangelium und päpstlicher Politik versteckt werden soll.

Doch an diesem Orte können überhaupt nur noch einige von den vielen Artikeln herausgehoben werden, welche gerade im Jahrgang 1892 die allgemeinste Beachtung verdienen. Als besonders tonangebende Leitartikel erscheinen (von den vorher bereits genannten und den gleich hernach besonders zu berücksichtigenden abgesehen) noch diejenigen über Adel und Presse (9 ff.), Sozialaristokratie gegen Sozialdemokratie (11 ff.), Standesanfechtungen (22), Tagesgeschrei (24), Der Nationalliberalismus und die preußische Staatsidee (27), Der Antisemitismus eine Gesinnungsfrage (28), Der Antisemitismus und die Geburtsaristokratie (29), Die Durchschnittsanschauung der gebildeten Deutschen (35), Hochgipfel der Gesellschaft (38 f.), Die christliche Staatsordnung und der Liberalismus (40 ff.), Hinter den Coulissen (41), Royalist oder Frondeur? (46), Die Mitschuld des Adels (47), Vor dem Parteitage. Ein Wort an die rheinischen Konservativen (49)*).

Beinahe alle diese Artikel stehen in auffälligem Gegensatz zu der wiederholten Versicherung, daß die Adelsgenossenschaft keine Politik treibe, in noch höherem Grade aber zu den nachdrücklichen Erklärungen des Ehrenpräsidenten auf den Adelstagen, daß sich auf denselben Mitglieder verschiedener politischer Anschauungen die Hand reichten. Im Vergleich mit der Redeweise des A.B. könnte die Kreuzzeitung beinahe als freikonservatives oder mittelparteiliches Organ erscheinen. Man gewinnt oft geradezu den Eindruck, daß sich diejenigen Autoren hierher geflüchtet haben, für deren Gefühlsergüsse das genannte politische Organ zu vorsichtig, wenn nicht gar zu „opportunistisch" ist. Andrerseits werden manche der bösesten Ausfälle der radikalen Presse erst völlig verständlich, wenn man die ihnen vorhergegangenen Aeußerungen des A.B. über alle Andersdenkenden vor Augen hat.

So ziemlich das Aergste in der philosemitischen Kontro-

*) Der letztgenannte Artikel würde auch wegen der an Größenwahn grenzenden Behandlung der mit der Praxis der „Schweiterkirche" etwas besser vertrauten rheinischen Standesgenossen eine besondere pathologische Würdigung verdienen.

versliteratur hat beispielsweise ein durch den konservativen Parteitag vom 8. Decbr. 1892 veranlaßter Artikel des Berliner Tageblattes über das politische Zuhälterthum geleistet. Aus Anlaß der sogenannten lex Heinze wurden hier die Konservativen in einer in der That völlig unqualificirbaren Art als die Zuhälter des Antisemitismus verhöhnt. Aber der Artikel des radikalen Tageblatts erweist sich als eine einfache „Retourkutsche" auf denjenigen des Adelsblatts über „das Zuhälterthum in der sozialen und politischen Welt" (Nr. 6). Den gleichen Geist — und auch dies schon lange vor dem Prozeß Ahlwardt — athmet die Abhandlung in Nr. 8 über „Rektor Ahlwardt und die Vorrechte des Adels".

Ein noch höheres Interesse als die Behandlung aller dem „schwarzen Kartell" unbequemen politischen Parteien muß die Art und Weise beanspruchen, in welcher seit dem Sturze des Fürsten Bismarck, und mit dem Vordringen des welfisch=ultramontanen Elements unter den Mitarbeitern, nicht nur von dem Kanzler unseres großen Kaisers, sondern von diesem selber und dem durch ihn wieder hergestellten deutschen Reiche geredet wird. In dem (noch weiter zu berücksichtigenden) Artikel der Nr. 14 „Rückblick und Ausblick" wird mit Bezug auf die an den Grafen Zedlitz geknüpften Erwartungen die Wendung gebraucht: „getragen von Zukunftshoffnungen, wie wir sie seit den Tagen des frommen Friedrich Wilhelm und der Elisabeth in Preußen nicht mehr zu fassen gewagt". Es bleibt aber nicht bei dieser negativen Andeutung über das, was wir dem Begründer des deutschen Reiches verdanken, sondern es wird auch das Verhältniß der Olmützperiode zu der Aera von Königgrätz und Sedan positiv dahin gekennzeichnet (in dem Artikel „Standesanfechtungen" Nr. 22 S. 435):

Ein hohe Hoffnungen erweckender Prozeß fing an, die Geister zu scheiden, und ihm Stimmführer der kleinen, aber mächtigen Partei zu werden, war einem Theil des norddeutschen Adels vorbehalten. Da trat, als der Kampf gegen die chronische Revolution auf der ganzen Linie von den besten Degen auch des Adels vollwichtig aufgenommen schien, die vom gallischen Imperialismus inaugurirte nationale Idee auch auf die Bühne unserer deutschen Entwickelung. Leider erfocht sie ihren entscheidenden Sieg im Reich der Europäischen Mitte nicht auf der Basis der konservativen Ideen, sondern getragen vom Fahnensturm eines Jahrzehnte hindurch die gesammte öffentliche Thätigkeit beherrschenden liberalen Heeres.

Stellen wir wenigstens noch ein paar beiläufige Lesefrüchte über die Lebensinteressen unseres ganzen Volkes daneben!

Ueber das Verhältniß von Bürgerthum und Adel heißt es (S. 703): „Der Bourgeois ist indirekt in noch höherem Grade als direkt unser erbitterter Gegner." Der heutigen Bildung als solcher wird Seitens des Adels systematischer Krieg angekündigt (S. 723): „Aus der Korporation heraus muß der Adel zunächst intra muros die Durchschnittsbildung bekämpfen." Von der theologischen Wissenschaft heißt es ganz allgemein (a. gl. O.): „Blickt der Christ auf die Lehrstühle der evangelischen Theologie, so kommt ihn ein Grausen an."

Womöglich noch Stärkeres ist in den Artikeln über „die Krankheit des Protestantismus" (Nr. 29f.) geleistet. Aber im Grunde stehen auch alle diese einzelnen Ausführungen im Zusammenhang mit demjenigen Ereigniß, welches sich gerade in den Artikeln des A.B. als der entscheidendste Wendepunkt in unserer inneren Entwickelung herausstellt, dem persönlichen Eingreifen des regierenden Kaisers in der grenzenlos verfahrenen Schulfrage.

Kaum ist überhaupt ein größerer Kontrast denkbar, als zwischen den Artikeln vor und nach diesem Eingreifen. Es gilt dies obenan von der persönlichen Stellung zu dem Monarchen. Mit Bezug auf die Zeit vorher können wir alsbald auf die erste Nummer des Jahrganges 1892 verweisen: mit dem Leitartikel über den „König als Führer und Erzieher". Zu ihm gesellen sich im gleichen Tonfall die ferneren Artikel in Nr. 3 über die „erste Aufgabe für alle Stützen des Thrones und des Vaterlandes", in Nr. 5 „Auf christlichen Pfaden", und in Nr. 10 über „Die brandenburgische Kaiserrede von 1892". Unwillkürlich wird man hier immer wieder an das bekannte Programm: „der König absolut, wenn er unsern Willen thut" erinnert. Zugleich aber erkennt man erst hier, wie weit damals die klerikalen Zukunftshoffnungen wirklich gegangen sind, und vor welchem vernichtenden inneren Kampfe unser Volk durch die rechtzeitige Initiative seines thatkräftigen Herrschers bewahrt worden ist. Nach dem Rücktritt des Grafen Zedlitz dagegen ist von der Person des Monarchen nur noch in bitteren Anspielungen die Rede. Dafür stoßen wir gerade von diesem Zeitpunkte an auf eine Maßlosigkeit in der Verunglimpfung aller Andersdenkenden, wie sie ärger kaum in den sozialdemokratischen Organen zu finden ist.

Konnten wir uns in den andern Beziehungen mit kurzen Citaten begnügen, so scheint es doch hier unumgänglich, aus einigen der Artikel vor- und nachher wörtliche Auszüge zu geben. Ist doch das, was hinter dem Entwurf steckte, zu welchem Graf Zedlitz seinen Namen hergegeben hatte, kaum irgendwo in so rückhaltloser Weise enthüllt, als es z. B. in dem Leitartikel „Auf christlichen Pfaden" (Nr. 5) geschieht:

Zum erstenmal, seit vor Jahrzehnten die neudeutsche Gründung alttestamentlicher oder sagen wir besser talmudistischer Geistes-Regie überantwortet ward, lenken wir ab vom modern heidnischen Strand, steuern wir alten, steuern wir christlichen Kurs. . . .

In der Volksschulfrage stehen wir zum erstenmal auf erkennbarer Etappe. Das ist alter und doch auch wieder ein so neuer Kurs, daß wir uns in seiner Betrachtung die Augen reiben, als erwachten wir nach langem, bösen Traum zu schöner hoffnungsreicher Gegenwart. — Wir stehen im Volksschulgesetz — und das ist es, was uns mit besonderer Genugthuung erfüllt — vor einer christlichen, vor einer wahrhaft aristokratischen That. Graf Zedlitz-Trütschler löst mit seiner jetzt so viel umstrittenen Vorlage den Wechsel ein, den wir einst auf ihn ausstellten, da wir ihn freudig an dieser Stelle willkommen hießen . . . . Noch übersehen die Massen gerade der Wohlmeinenden ja kaum, was sich in dieser Vorlage begeben, daß es sich in ihr um nichts weniger und um nichts mehr, als um einen ersten grundlegenden Schritt zur Rechristianisirung des gesammten Staatslebens handelt. . . . Nicht am Herdfeuer des geringen Volks, in den Laboratorien der Hochschulen, in den Werkstätten der Wissenschaft wird das schärfste Gift bereitet und erst, nachdem es die Retorte der Popularität passirt, schmackhaft Gericht, dem „Armen und Enterbten" präsentirt. In der Rückführung der Universitäten zur christlichen Geistesbildung liegt, ob auch heute noch sehr weit ab, der Kernpunkt einer Kultur-Reform, ohne welche alle Arbeiten an der Reorganisation der Gesellschaft Stückwerk bleiben müssen und werden. — Macht die Wissenschaft christlich, dann wird es die Volkserziehung ganz von selbst. Im vorliegenden Fall liegen die Wurzeln eben oben und das Blätterdach unten. Immerhin erkennen wir in der verfassungsmäßigen Herrichtung der Volksschule auf unzweifelhaft christlichem Boden den Beginn einer Genesung von der heillosesten Influenza, der Deutschland jemals verfallen war, und einer Reaktion, wie wir sie vor jeder andern erwünschen müssen.

Wir erhoffen von einer Politik, die sich uns wie die des Grafen Zedlitz als die des „vornehmen Mannes" charakterisirt, den endlichen dauernden Bruch mit der Summa materialistischer Faktoren, in denen sich die Regiments-Weisheit der jüngsten Vergangenheit Genüge that, und welche als „Real-Politik" hoch zu preisen auch sog. konservative Blätter keinen Anstand nahmen. . . . Die Zedlitz'schen Entwürfe erstreben einfach die Wiederherstellung des christlichen Staates. Darum das Wuthgeheul auf der ganzen Linie des verjüdeten Liberalismus vom Protzen= und Geheimen Raths=Viertel bis zu den Quartieren des sozialdemokratischen Proletariats. Diesen Schlag empfinden alle gleichmäßig: Hamburger Nachrichten und Hamburger Echo, Tante Voß und Onkel Sonnemann, die Kölnerin, der Berliner Vorwärts et "tutti quanti". Da sehen wir sie alle einmüthig an der Arbeit, die Herren im Frack mit Ordenskranz wie die Banner=Träger der Blouse ... Im vollsten Sinne des militärischen Begriffs hat die Volksschul=Vorlage die Wirkung eines Recognoscirungs=gefechts im großen Maßstabe gehabt.... Wenn je, so muß jetzt die Staatsraison erkennen, wo die irdischen Schutzwehren von „Thron und Altar" liegen. Der Nationalliberalismus, der sich der Früchte der Politik von Blut und Eisen bemächtigte und seit Jahrzehnten geistig und wirthschaftlich der Unterjochung des Christenthums und des Deutschthums durch welsche Sitte, durch Juden und Judengenossen vorgearbeitet, sieht sich bereits um sein Werk betrogen.... Der hohe wissenschaftliche Flug, zu dem sich sehr verfehlter Weise so manches seinen nächsten Zielen entfremdete Schulmeisterlein erhob, wird sein Gefieder etwas senken. — Das aber wird gut sein. — ....

Wir können nur dahin resümiren, daß seit Menschengedenken kein Gesetz auf dem Tische des preußischen Abgeordnetenhauses niedergelegt worden, das unseres Erachtens dem konservativen Bedürfniß in dem hohen Maße diente, als das vorliegende. — Es trifft ins Schwarze, trifft ins Centrum und läßt zum erstenmale die volle Sonne christlicher Bekenntnißtreue herüberleuchten von Stätten, auf denen man eine bange, schwere Epoche hindurch nur noch den Faktoren der Zertrümmerung Einfluß zugestanden.

Die „bange schwere Epoche" mit den „Faktoren der Zertrümmerung" ist die Regierung Kaiser Wilhelms' des Großen!

Die gesammte Opposition gegen den Gesetzentwurf wird in dieser gleichen Periode, in welcher in der Zufallsmajorität des Abgeordnetenhauses die höchste Autorität auch in geistigen Fragen gesehen wurde, ohne Unterschied förmlich verhöhnt (vgl. „Der neue Volksschulgesetzentwurf", in Nr. 9):

Erfreulich ist es zu sehen, wie der Petitionsschwall der Freisinnigen, der konfessionslosen Juden und Judengenossen, der „Philosophen und Encyklopädisten", welchen letzteren sich auch einige protestantische Gelehrte positiver Richtung angeschlossen, welche die Stimme der Zeit nicht hören können oder wollen und dafür in beängstigender Weise an Visionen leiden, — an der ehernen Mauer der Ueberzeugung der preußischen Regierung sowohl als der Kommissionsmehrheit abprallen. . . . Mit festem Vertrauen folgen wir diesem neuen Kurse, der erhabenen Führung unseres Allergnädigsten Kaisers und Herrn. Möchte es ihm in seiner schweren Arbeit in der Verfolgung gewaltiger und segensreicher Ziele für sein Land und Volk, immerdar eine Freude, eine Wohlthat, eine Aufmunterung sein, wenn nicht bloß „seine Brandenburger", sondern wenn der Kern des ganzen deutschen Volkes, tief dankbaren Herzens und frohen begeisterten Muthes ihm folgt auf der Bahn, die er furchtlos und treu betreten . . . Der neue Volksschulgesetzentwurf hat den Muth der christlichen und königstreuen Kreise des preußischen Volkes von neuem belebt, und siegreich wird der hehre Gedanke, der diesen allerneusten und jedenfalls segensreichsten Regierungsakt trägt, so Gott will, die Finsterniß des modernen Heidenthums durchbrechen, die sich mit immer schwererem Fittig auf tausende und abertausende von jugendlichen Seelen legt. . . . Der Erwähnung werth erscheint uns die selbst in unserer Zeit, wo doch so ziemlich alles möglich ist, beinahe unglaubliche Thatsache, daß es eine Menge protestantischer Christen giebt, die in dem Gesetze die Gefahr der Katholisirung des Volkes sehen, und aus diesem Grunde dagegen protestiren. Von allen Einwänden gegen das Gesetz erscheint uns dieser als der bei weitem thörichteste, denn er hat 2—3 Jahrhunderte verschlafen!

Bei der Lektüre solcher Artikel könnte man in der That zu der Meinung kommen, daß ein solcher Höhepunkt hochmüthiger Selbstverblendung keiner Steigerung mehr fähig sei. Dessenungeachtet aber ist erst, nachdem jene Hoffnungen getäuscht worden waren, der innerste Kern derselben zu vollem Ausdruck gekommen. Es ist wirklich Schade, daß nicht für den ganzen Artikel „Rückblick und Ausblick" (No. 14) hier Raum ist. Aber wir wollen wenigstens einen längeren Passus in seinem eigenen Zusammenhang aufnehmen:

Wir haben uns keinen Augenblick gewundert, die Hochgelahrten und Weisen, die Gottlosen und Patienten der Pseudo-Bildung, der Bildung ohne Gott und ohne Heiland, auch diesmal auf dem mit dem alten Aufkläricht der Humanisten und Rationalisten gepflasterten Pfade dahinziehen zu sehen. — Die Leuchten der Wissenschaft, der Hallesschen und Berliner Theologie, die Beyschlag, Pfleiderer, Harnack, die Dahn und Virchow, — ja selbst der große Heinrich von Treitschke, — sie Alle, die Lichter an unserm Geisteshimmel, sie können eben nicht mehr geben, als sie selbst besitzen. — Das aber ist wenig gegen den Schatz, den auch das geringste Bauernkind heimzutragen vermochte aus der Volksschule, deren christliche Grundlage, deren segensreichen Fortbestand der von der Verfassung geforderte Gesetzentwurf des Grafen Zedlitz-Trützschler codificiren wollte. Es erübrigt, die Gefolgschaft der offiziellen Volksverführer vom Professoren-Ring zu kennzeichnen, noch einmal Revue passiren zu lassen an dieser Stelle. Wir kennen sie Alle, unsere Gegner und Verderber, und wahrlich nicht bloß Die, welche uns die schwielige geballte Faust entgegenhalten oder uns das Wadelstrumpfbein zu stellen suchen. — Nicht der offene Widersacher der christlichen Gesellschafts-Ordnung ist es, der fort und fort und in gefahrbringender Weise die Kreise der christlichen Weltordnung stört. Die Loki's von unheilvollstem Einfluß, die bewußten und unbewußten Schleppenträger der geistigen Hochschulkoryphäen sowohl, wie der ungestört von jeder Aufsicht wirkenden großen geheimen Gesellschaften, sie sind es, deren Ränke und Lügenkünste oft in wenigen Stunden zerstören, was die Parteigänger der christlich-germanischen Weltanschauung in jahrelanger Arbeit zu Stande zu bringen in der Lage waren. — In die Tarnkappe gehüllt, nur sehr Wenigen, erfahrungsmäßig aber am wenigsten den Großen dieser Erde erkennbar, umschleichen die „Streber und Gründer" die Throne, sie zu umweben und zu umspannen mit lieblichen Sirenentönen, sie hineinzuziehen in die Strümpfe?) ihrer Ausbeutung. — Wir wissen nicht, wie es gekommen, daß das Banner des Königlichen Preußens, das dem Zuge der christlichen Royalisten auf dem einzigen Wege, den es für sie giebt, vorangetragen ward, so rasch und so ungeahnt den Blicken der christlich-germanischen Heerschaaren entschwand. — Es entzieht sich unserer Kenntniß und selbst unserer näheren Erwägung, wer den Streich geführt, der den hochgemuthen Träger des Palladiums in dem Augenblick fällte, in welchem er das christliche Banner dem vielleicht entscheidungsschwersten Tage unserer preußisch-deutschen Entwickelung entgegenzuführen im Begriff stand, in welchem zugleich der zweifellose Sieg lag.

Die in dem vorigen Artikel in den Mittelpunkt der Betrachtung gestellte Person des Kaisers wird allerdings nicht genannt. Auf wen sich aber die Wendung gegen denjenigen, der „den Streich geführt", bezieht, kann sich doch weder der „Kenntniß" noch der „näheren Erwägung entziehen". Wenn übrigens hier etwas verschwiegen wird, so wird es dafür zum Schluß um so lauter proklamirt, daß das Zukunftsprogramm nach wie vor völlig das gleiche bleibt:

„In nie erlahmender Thätigkeit gilt es nun schrittweise zu nehmen, was im Anlauf zu erobern uns nicht gegeben war. Die konservative und christliche Sache, die Sache, welche in der Zurückweisung der Schulvorlage einen so schweren Schlag erlitt, ist ganz wesentlich eine Adelssache ... Im Schutz der Schule vor dem liberalen Belial wahre der Adel an seinem Theil unbeirrt vom Widerspruch der Meinungen auch ferner die Altäre unseres Erlösers und den Thron der irdischen Majestät. An Gelegenheit hierzu wird es seinen großen Mehrheiten zumal auf dem platten Lande und in der Oeffentlichkeit nicht fehlen. Im engen Zusammenschluß aller seiner geistigen und materiellen Kräfte wird der Stand die beste Gewähr dafür finden, daß einst noch einmal auch seine Stunde, die Stunde des erhabenen Gedankens, den er verkörpert, schlagen werde."

Gleich die folgende Nr. (15) bringt sofort wieder einen weiteren Artikel „Läuterung", der ein wahres Musterbild „vornehmer" Polemik genannt zu werden verdient. Es wird darin im Text von dem „schmachvollen heimtückischen Angriff des sogenannten konservativen Wochenblatts auf den ritterlichen Grafen Z. Tr." gesprochen, und dieser Beschimpfung in einer Anmerkung noch eine persönliche Spitze, worin der gleiche Ausdruck „schmachvoll" vorkommt, gegen Herrn von Helldorff gegeben. Seine Weigerung, jenes Blatt zu desavouiren, genügt „zur vollen Klarstellung des Herrn v. H." Dann heißt es weiter: „Es (nämlich „das konservative Volk") erwartet, und wahrlich es darf völlige Entschleierung der das Attentat auf Graf Z. Tr. geleitenden Umstände erwarten." Daß dieses „Attentat" direkt von dem Monarchen ausgegangen ist, ist allerdings wieder nur zwischen den Zeilen zu lesen. Um so unverhüllter ist dagegen die Kriegsdrohung gegen den dem „schwarzen Kartell" widerstrebenden Theil der Konservativen:

Reißen wir die konservative Maske doch endlich den Unheilstiftern ab, die freikonservative oder nationalliberale Partei bietet ja Platz genug für die Herren, deren Namen die Spatzen von den Dächern pfeifen.... Wir müssen den Wolf des Liberalismus, der im nationalpatriotischen, mit konservativem Flitter verschnörkeltem Lammsgewand in unsere Hürde brach, abthun.... Thun wir unsere Edelmannspflicht im Parteileben dieser gewitterschweren Tage.... Dann, aber auch nur dann, können wir wieder werden, was wir stets sein sollen, — unseres himmlischen und unseres irdischen Königs Ritterschaft.

Wir ergänzen nur noch, daß diesem Artikel unmittelbar der Beginn derjenigen über den Adel und die römische Frage sich anschließt, welchen der vom evangelischen Glauben abgefallene Verfasser — man möchte jetzt beinahe sagen: selbstverständlich — mit dem Appell an „alle Christen, die auf dem gemeinsamen Boden des apostolischen Glaubensbekenntnisses stehen" eröffnet. Umgekehrt bringt dann der Artikel „das rothe Kartell" (in Nr. 20) die denkbar schärfste Herausforderung aller derer, welche dem von dem gleichen Herrn R. v. R. proponirten „schwarzen Kartell" unbequem sind. Auch in den oben aufgezählten Artikeln aber kommt fast durchweg eine Anschauungsweise zum Ausdruck, bei welcher es nicht nur nicht verwunderlich, sondern sehr erklärlich genannt werden muß, daß die innere Einigung und Kräftigung der evangelischen Kirche, wie der evangelische Bund sie erstrebt, ihr nicht sympathisch sein konnte. Aber es bleibt darum doch etwas ganz Anderes, ob die auf ein solches Ziel gerichteten Bestrebungen nicht unterstützt werden, oder ob — ohne daß jemals Adelsgenossenschaft oder Adelsblatt Seitens des evangelischen Bundes angegriffen worden waren — der letztere in jener gehässig unwahren Weise angegriffen wird, die wir schon in den Bitten an die Generalsynode (vgl. oben S. 75) kennen gelernt haben. Es ist jedoch nicht einmal dabei geblieben, daß die Bestrebungen des evangelischen Bundes erst entstellt und dann bekämpft worden sind, sondern es sind überdies auch diejenigen Edelleute, welche sich an denselben betheiligten, in einer Art angegriffen, welche ... Nun, wir wollen lieber unsere Leser selber den richtigen Ausdruck für das in dem A.B. beliebte Verfahren suchen lassen. Um so unumgänglicher aber ist es auch in diesem Fall, jenes Verfahren in seinem ganzen inneren Zusammenhang vorzuführen.

Wir nehmen zu diesem Behufe noch einmal unseren Ausgangspunkt in der zu dem obigen Sendschreiben Anlaß gebenden Aufforderung an den evangelischen Adel, die in so vielen Artikeln wiederkehrende Idee eines modernen Kreuzzuges durch die den Jesuiten zu leistende Heeresfolge zu krönen. Denn die Nachgeschichte dieses Jesuitenartikels ist für das Verhalten des A.B. womöglich noch charakteristischer als seine Vorgeschichte. Um jedoch das Verhalten der Redaktion richtig zu würdigen, muß man sich vorerst den Zweck des sogenannten „Sprechsaals" vergegenwärtigen. Dem Titel derselben ist nämlich die Aufforderung beigefügt: Es wird Seitens der Redaktion dringend gebeten, den Sprechsaal aus dem Leserkreise mehr als bisher zu benutzen. Es ist ein Platz zum freien und ungezwungenen Ausdrucke der Meinungen, der nicht in die intellektuelle Verantwortlichkeit der Schriftleitung eingezwängt ist.

Daß von dieser Aufforderung gerade in solchen Fällen, wo ein von der Redaktion aufgenommener Artikel innerhalb des Leserkreises Widerspruch fand, Gebrauch gemacht werden sollte, beweist der Widerspruch, den ein Angriff auf den abgetretenen Fürsten Bismarck in diesem „Sprechsaal" gefunden hat. Die Nr. 6 des Jahrgangs 1891 bringt nämlich das folgende „Eingesandt" von v. S.

In Nr. 5 des Blattes enthält der Aufsatz „Freiherr Zorn von Bulach" folgenden Schlußsatz: „Die liberal-verjüdelte Politik der Bismarck'schen Friedensepoche war schon um der Konsolidirung der Reichslande willen ein großes nationales Unglück."

Einsender muß dagegen Widerspruch erheben, daß in diesem Blatte in derselben Weise, wie dies in der Fortschrittspresse geschieht, die Verdienste des unersetzbaren Staatsmannes angegriffen werden.

Die Redaktion hat dem gegenüber zwar den angegriffenen Ausdruck zu vertheidigen gesucht. Aber sie hat doch wenigstens den Widerspruch zu Wort kommen lassen. Genau das Gleiche ist noch im Anfang des Jahrgangs 1893 geschehen, nachdem die Artikel „Der Edelmann als Royalist" den welfischen Standpunkt bis zu der Konsequenz durchgeführt hatten, daß die in Folge eines Krieges erfolgte „Annexion" gegen die Legitimität verstoße.

In denkwürdigem Gegensatz zu diesem sonst allgemein

beobachteten Verfahren erzählen uns nun die eigenen Mittheilungen der Redaktion von der Behandlung eines Mitgliedes der Adelsgenossenschaft, welches sich mit dem gewiß sehr bescheidenen Verlangen begnügt hatte, in dem gleichen „Sprechsaal" seine abweichende Anschauung über die Jesuitenfrage zum Ausdruck zu bringen. In der Nr. 50 des Jahrgangs 1891 — in einer Erklärung, die auch noch unter andern Gesichtspunkten Interesse hat — wird von diesem Mitgliede gesagt:

Nur ein der deutschen Adelsgenossenschaft trotz seiner Stellungnahme noch angehöriges Mitglied scheint es sich zur Pflicht gemacht zu haben, immer wieder von neuem Oel in's Feuer zu gießen, die Gemüther aufzuregen, womöglich einen Kampf zu inceniren, der den großen Zweck der deutschen Adelsgenossenschaft „Sammlung des christlichen Adels beider Confessionen unter dem Banner gemeinsamer Pflichten" offenbar zu stören bestimmt ist.

Ueber das von diesem „der Genossenschaft noch angehörigen Mitgliede" gestellte Verlangen und die ihm darauf zu Theil gewordene Behandlung erfahren wir dann aber weiter:

Doch noch eins zur vollen Klarstellung der Situation. Das gedachte Genossenschaftsmitglied ist augenscheinlich böse darüber, daß wir z. B. seinen Kampfartikel einer Instruktion des Vorstandes gemäß, nicht in den Sprechsaal des A.B. aufnahmen, er versuchte denselben, wie wir hören, ganz mit dem nämlichen Erfolge, bei der Kreuzzeitung u. a. Blättern, ja sogar bei einer freikonservativen Wochenschrift anzubringen. Ebenfalls ohne Erfolg, desgleichen eine Beschwerde beim Vorsitzenden der Genossenschaft. Das hätte endlich genügen müssen; aber der ihm unwillkommene Ausgang ließ ihn noch immer nicht zur Ruhe kommen, so daß er als Mitglied der Genossenschaft unternahm, den Vorschriften des Statuts zuwider in öffentlicher Schrift gegen die Interessen der A.G. aufzutreten. Das kann uns nicht imponiren.

Deutlicher kann es schwerlich konstatirt werden, daß der Widerspruch gegen den berüchtigten Artikel in jeder

Form mundtodt gemacht wurde. Wir bemerken hier nur beiläufig, daß es sich dabei um ein Mitglied der Adelsgenossenschaft gehandelt hat, welches nicht etwa bloß Träger eines altberühmten Namens war, sondern in Staats- und Reichsdienst Hervorragendes geleistet hatte. Aber nicht gegen dieses Mitglied allein ist (im Zusammenhange mit der Zurückweisung seines nur zu berechtigten und zweifellos von der großen Mehrzahl der andern Mitglieder getheilten Verlangens) zugleich das von den Jesuiten erlernte und in der Kaplanspresse so wacker gehandhabte Mittel der Diffamation der Andersdenkenden zur Anwendung gebracht worden. Dieselbe Diffamation ist vielmehr auch gegen andere Standesgenossen in einer Weise versucht worden, welche mit den von dem Titel des A.B. in Anspruch genommenen „Aufgaben des christlichen Adels" in sehr unerfreulichem Kontrast steht.

Es braucht durchaus nicht verschwiegen zu werden, daß für die große Versammlung des evangelischen Bundes in Kassel eine Resolution in Frage gestanden hatte, welche zu jenem Jesuitenartikel Stellung nehmen sollte und gewiß, wie kaum eine andere, Millionen unserer Glaubensgenossen das Wort aus dem Munde genommen hätte. Die öffentliche Besprechung des allen glaubenstreuen evangelischen Christen gegebenen Aergernisses unterblieb nur deshalb, weil die adligen Mitglieder davon abriethen, um das ohnedem so weitverbreitete Mißtrauen gegen die Adelsgenossenschaft nicht noch zu verschärfen. Statt dessen beschlossen sie einen kurzen Protest unter dem evang. Adel in der Weise zur Vertheilung zu bringen, daß Jeder der drei damit Beauftragten es übernahm, den in der Versammlung festgestellten Entwurf den ihm bekannten Standesgenossen mittelst eigener Schreiben mitzutheilen.

So der Thatbestand, über welchen die Redaktion des A.B. mit der Miene des Eingeweihten ihren Lesern einen völlig unrichtigen Bericht giebt, um daran persönliche Beleidigungen zu knüpfen, wie sie kaum ärger gedacht werden können.

Dabei war es gerade die auf die Spitze getriebene Rücksicht auf das, was den derart behandelten Männern in den Bestrebungen der Adelsgenossenschaft anerkennenswerth schien, wofür ihnen in so unedler Weise gelohnt wurde.

Ich vermeide es heute nur deshalb, auf diese weiteren Vorgänge einzutreten, um nicht in die näheren Rechte Anderer einzugreifen. Um so weniger dürfen wir dagegen an einem noch späteren Angriff auf den evangelischen Bund in der Person seines Vorsitzenden vorbeigehen.

Die am Schluß des obigen Sendschreibens (S. 55) erwähnte Parallele zwischen der rothen und der schwarzen Internationale hat bekanntlich zu einem der seit dem Angriff Windthorst's auf die Hallische theologische Fakultät herkömmlich gewordenen Mißbräuche der parlamentarischen Redefreiheit und zu einer der dabei ebenso unvermeidlichen Sturmfluthen in der Kaplanspresse geführt. Statt der einem christlich-konservativen Organ in einem solchen Falle wohl ganz besonders obliegenden Pflicht nachzukommen und die Sache richtig zu stellen, hat das A.B. sich beeilt, den Hetzartikel der „Germania" nicht nur abzudrucken, sondern auch unter der Aufschrift Qui tacet consentire videtur seine ausdrückliche Zustimmung zu demselben erklärt (Nr. 19):

Wir nehmen ohne Weiteres an, daß ein nicht unerheblicher Theil der freiconservativen und deutschen Reichspartei dem bekannten Ausrufer der mittelparteilich bündlerischen Chauvinisten-Liga nicht folgen wird, aber wir halten es für ganz unerläßlich, daß dies vor der Oeffentlichkeit zum Ausdruck gelange. Die Gefahr, die dem Schweigen derartigen Provokationen gegenüber innewohnt, möge man nicht zu gering achten. Wer schweigt, von dem wird angenommen, daß er zustimmt, und wer nach den Erfahrungen der 70er Jahre noch unter die Fahne des Grafen Winkingerode eilt, der wird zeitig genug merken, daß er das bekannte Schwert ohne Klinge in der Faust hat, an welchem der Griff fehlt, der dürfte gar bald die flache Hand dazu benutzen, sich selbstanklägerisch vor die Denkerstirne zu schlagen. Diese jüngste Blüthe des bündlerischen Kultur-Kampf-Edens muthet uns an wie die herbste Ironie auf die Lage der Gegenwart. Rings um uns her der Hexensabbath der Revolution und des Unglaubens, die großen Hoftage des Teufels — und im Feldlager der Christen, in den Zelten der Führer, der gegen das Herz des Bruders gezückte Dolch — ein Bild, das nur der Haß eines Kulturkämpfers dem forschenden Blicke verschleiern kann. Von der demüthigen Nachfolge Christi, von wahrer Nächstenliebe, von der Duldsamkeit, die des Christenbruders religiöse Ueberzeugung achtet, scheint im Wörterbuche der bündlerischen Heißsporne nichts zu stehen. Die große Mahnung unserer Zeit an die gesammte Christenheit: „Seid einig, einig, einig" ist an dem Herrn Landesdirektor der Provinz Sachsen scheinbar spurlos vorübergegangen. Oder ist gerade diese unzweifelhafte Thatsache die Quelle seiner Aeußerung, mit welcher er die Gemeingefährlichkeit der „schwarzen Internationalen" über die der „rothen" stellt? Wir müssen es annehmen und zugleich vor jener „schwarzen Internationalen" warnen, die die düsteren Schatten des Religionshasses in die Herzen ihrer Mitchristen zu senken nicht müde wird. Diese „schwarze Internationale" bildet in der That eine Gefahr unserer Zeit, die jeder wahre Christ und jeder deutsche Patriot als eine Staatsgefahr ersten Ranges zu bekämpfen hat.

Wer nun blos zufällig einen einzelnen derartigen Artikel — etwa aus den in allen solchen Fällen sofort erfolgenden Abdrücken der päpstlichen Blätter — vor Augen bekommt, möchte vielleicht noch zu der Frage versucht sein: Macht sich das Organ einer deutschen Adelsgenossenschaft denn wirklich den verlogenen Standpunkt der „Germania" zu eigen, daß im Romanismus ein Schutz, ein Bollwerk, und nicht vielmehr ein Sturmbock der rothen Internationale zu suchen sei? Leider aber sind alle derartige Fragen bereits durch die diesem schnöden Angriff unmittelbar vorhergegangenen, ebenso krankhaft erregten Artikel nach der Zurückziehung der Zedlitz'schen Entwürfe hinfällig geworden. Ueberdies hatte die Redaktion bereits bei jener vergeblichen Beschwerde gegen den Jesuitenartikel über ihren eigenen Standpunkt zur Jesuitenfrage jeden Zweifel benommen durch die höhnischen Fragen:

Was soll denn die heillose Angst vor einer handvoll Jesuiten? Ist das evangelische Bekenntnißkraft? Warum denn immer und immer wieder diese testimonia paupertatis vor Rom, so lange man noch nicht ganz auf das Niveau des Protestanten=Vereins und der Nationalzeitung gerutscht ist, die ihren innerlichen Verfall selbst nicht mehr durch tönende Reden der Christenwelt verschleiern können?

Der folgsame Schüler der „Germania" ist hier derartig naiv zu Tage getreten, daß wir uns diesen Weisheitssprüchen gegenüber mit der einfachen Erinnerung an die zahlreichen, um nicht zu sagen zahllosen lokalen Streitigkeiten (in Wiesbaden, Hamm, Speyer, Oldenburg, Torgau, Stettin, Dresden, Mühlhausen, Wetzlar, Herborn, Saarbrücken, Mainz, Grimma und einer Menge kleinerer Orte) begnügen, in welchen dieselbe Taktik zu Tage getreten ist*). Aber der ganze Höhepunkt, von welchem die Redaktion des A.B. an die Dinge herantritt, ergiebt sich doch erst aus der weiteren Ausführung:

Unerfindlich bleibt uns, wie man selbst auf den Schein einer Berechtigung zu spekuliren sich entschließen konnte gegenüber der schon früher, besonders aber wieder jetzt während der Tagung der preußischen Generalsynode vom A.B. gebrachten langen Artikelreihe für weitgehendste Freiheit und Selbstandigkeit der evangelischen Kirche, Ergüsse eines wahrhaft bekenntnißtreuen, feuereifrigen und positiv=evangelischen Mannes.

---

*) Vgl. die drei Hefte „Der Jesuitenstreit in Wiesbaden" u. s. w. Halle, Strien, 1891.

Aber: Sie seh'n oft, wie Herr Wieland spricht,
Den Wald vor lauter Bäumen nicht.

Die vielen langen und sehr dringenden Artikel unseres Blattes im Dienste der evangelischen Kirche, denen nicht etwa gleiche oder überhaupt welche für die katholische Kirche gegenüberstehen, entgingen also … ganz.

Trotz alledem ist die Redaktion des A.B. vollauf im Recht, wenn sie den Vergleich fordert zwischen den Artikeln „für die katholische (will sagen römische) Kirche" und denjenigen „im Dienste der evangelischen Kirche". So viel Lehrreiches wir daher auch sonst zurückstellen mußten, glauben wir uns dieser Forderung nicht entziehen zu dürfen. Denn es giebt in der That nichts Lehrreicheres als die Parallele zwischen den Anstalten und Organisationen beider Kirchen, auf welche im A.B. empfehlend hingewiesen wird. Wir beginnen daher unsere Uebersicht mit der Untersuchung der „im Dienste der evangelischen Kirche" geschriebenen Artikel.

Um unser eigenes Kriterium dem theologischen Horizont des Adelsblattes möglichst anzupassen, wollen wir von vornherein von jeder Frage nach einer etwaigen Berücksichtigung aller derjenigen Liebeswerke absehen, welche auch nur von ferne mit dem „Unglauben der modernen Theologie", dem Protestantenverein, dem evangelischen Bund u. dgl. in Beziehung gebracht werden können. Beschränken wir uns demgemäß auf die Anstalten, Vereine, Bestrebungen der altgläubigen Richtung im strengsten konfessionellen Sinne des Wortes, so ist das Resultat folgendes.

Der Werke der inneren Mission findet sich in dem älteren Jahrgang 1889 einmal gedacht. Aber es geschieht mit dem ausdrücklichen Vermerk, daß die Theilnahme daran hinter der Unterstützung der standesgemäßen Bestrebungen zurückstehen müsse. Vgl. den Artikel „Friktionen" (1889 Nr. 25 S. 422):

> Was wir von den Schild- und Helmgeborenen beiderlei Geschlechts*) verlangen können und so lange verlangen werden, als Wort und Schrift uns dazu gegönnt sind — das ist, daß sie um des Wichtigen willen nicht das Nothwendigste vergessen. Innere Mission ist schön und ehrt ihre Träger — gewiß. — Der Edelmann aber und nicht minder die Edelfrau, welche in ihr aufgehen, um dann verkalteten Herzens und mit geschlossenen Händen an den Bestrebungen der Standes-Charitas vorüberzugehen, sie versündigen sich gleichwohl an dem Geist der Gottes-Ordnungen, die aufrecht zu erhalten und zu stützen ihnen ihre Geburt ganz besonders auferlegt.
>
> Man komme uns darum nicht mit dem bis zum Ueberdruß gehörten Einwand „ich bin schon Johanniter, schon Mitglied von so und so vielen Vereinen — sieh dir die zahlreichen Schriften an, die ich halten muß, darum ist für das Deutsche Adelsblatt kein Platz mehr auf meinem Tisch." Wir meinen, dem Edelmann, der nicht bloß dem Namen, sondern seiner ganzen Natur nach ein solcher ist, müßte jeder Verein, der objektiv seiner Geburts- und ethischen Berufsgemeinschaft dient, näher stehen, denn irgend ein anderer.

Außerdem haben wir im Jahrgang 1891 in einem Artikel, dessen Aufschrift „Junker und Pfaffen" (Nr. 16 S. 267) die Erinnerung an den bescheidenen Stifter von Düsselthal wohl am wenigsten erwarten lassen würde, den Passus gefunden:

> Wir haben mit besonderer Genugthuung zu erwähnen, daß es der Adel war, der in hochsinniger Begeisterung, in rechtem Christen-Eifer allen anderen Volksgenossenschaften voran an die Bewältigung der weitgreifenden Aufgaben ging, welche sich ihm in der jungen Bewegung darboten. Ein Sproß uralten westphälischen Geschlechts, Graf von der Recke-Vollmarstein war es, welcher deren Ausgang in

---

*) Wie die blühende Phantasie des Verf. sich die „Schild- und Helmgeborenen" Mädchen eigentlich vorstellt, übersteigt wohl jedes nicht „Schild- und Helmgeborene" Verständniß.

ganz hervorragender Weise förderte, und zahlreiche edle Namen sind seitdem auf das engste mit derselben verwachsen.

Einen nähern Hinweis auch nur auf die eine oder andere der von abligen Patronen oder orthodoxen Pfarrern gestifteten und unterstützten Anstalten von der Art der gleich nachher aufzuzählenden Reklameartikel für die „katholischen" Parallelen haben wir jedoch bisher nirgends entdeckt. Die einzige Ausnahme scheint in dem Abdruck des bekannten Inserats „Ein Liter kalten Wassers" zur Unterstützung der Bodelschwingh'schen Anstalten zu liegen (1891 S. 879). Ob dieser Abdruck dem Edelmann oder dem Diener der evangelischen Kirche vergönnt worden sein mag, möge dahin gestellt bleiben. Im Uebrigen ist der gleiche Aufruf in zahlreichen liberalen, ja sogar radikalen Blättern, zu finden gewesen. Alle diese Blätter haben darin einfach ein Werk der Humanität unterstützt, wie es die Samariter und Zöllner auch unserer Tage zu thun pflegen.

Es ist ein förmlich unheimliches Ergebniß, zu welchem diese Untersuchung geführt hat. Zumal im Vergleich mit den geradezu massenhaften Reklamen für alle möglichen Anstalten, Einrichtungen und Vereine der Papstkirche ist es mir geradezu unglaublich erschienen, daß die Redaktion sich derart selber Lügen strafen sollte. Wo stecken denn eigentlich jene „vielen langen und sehr dringenden Artikel im Dienste der evangelischen Kirche, denen nicht etwa gleiche oder überhaupt welche für die katholische Kirche gegenüberstehen"? Für so naiv möchten wir die Redaktion denn doch noch nicht halten, daß sie darunter diejenigen Artikel meinen sollte, welche, statt sich „in den Dienst der evangelischen Kirche" zu stellen, diese selber völlig außer=

kirchlichen Tendenzen dienstbar machen und zu diesem Behufe nach päpstlichem Muster umformen wollen. Sollte aber wirklich eine so außerordentliche Naivetät unterlaufen, so dürfte zur Charakteristik dieser „Dienste" an die evangelische Kirche der Hinweis auf die obigen ausführlichen Auszüge (S. 75/81) aus der Artikelserie über „Kirchenreform" vollauf genügen.

Stellen wir nun diesen Artikeln „im Dienste der evangelischen Kirche" diejenigen „für die katholische (will sagen römische) Kirche" gegenüber, so tritt uns dabei zuvörderst der auch sonst schon bemerkte Unterschied der verschiedenen Jahrgänge entgegen.

Im Jahrgang 1889 finden wir noch keine direkt-kirchliche Organisation aus diesem Lager empfohlen, sondern nur den Abdruck einer Erklärung des Herrn v. Schorlemer-Alst über das landwirthschaftliche Genossenschaftswesen. Noch vor Ende des Jahrgangs 1890 aber stoßen wir auf den ersten der sich nun bald lawinenartig überstürzenden Reklameartikel: in Nr. 52 „Der Aufruf des katholischen Volksvereins und der katholische Adel". Was jener „Volksverein" — (bekanntlich nur die Wiederaufnahme des seiner Zeit gerichtlich aufgelösten Mainzer Katholikenvereins) thatsächlich bezweckt und durchführt, bleibt in diesem Artikel ganz außer Betracht. Es wird einfach das Aushängeschild der Bekämpfung der Socialdemokratie als das einzige Ziel angenommen, die Betheiligung der Edelleute an diesem „Volksvereine" gepriesen und ihr Verfahren ihren evangelischen Standesgenossen als Vorbild hingestellt. Wir geben die wichtigsten Ausführungen hier wörtlich wieder:

Der Volksverein für das katholische Deutschland hat den Fehdehandschuh aufgenommen, welchen der socialdemokratische Parteitag von Halle der römischen Weltkirche, als der festesten aller Burgen seiner Widersacher, hingeworfen. Im Anschluß an die desfallige Kundgebung des Episkopats, unter Hinweis auf die vom Papst und vom Kaiser Arm an Arm eingeleitete, großartige socialpolitische Aktion, fordert der Verein seine Konfessionsgenossen auf, sich eng zusammen zu schaaren zur Vertheidigung von Altar und Thron, Haus und Hof, christlicher Eigenart und Familienleben gegen den Einbruch der Umsturzmänner in die Hürden des Volksthums.... Die Sprache, welche der ganz besonders dem gefährdeten Landmann geltende Aufruf redet, erscheint uns geradezu mustergültig. In schlichter, jedes hohlen Pathos entbehrender Weise wird so dem armen, von der Verführung umgebenen Volk das Gottesgebot dargelegt, unter dessen Fahne es einzutreten hat in den Kampf gegen die finsteren Mächte der Verneinung und der Zerstörung. Wir sind um so fester überzeugt, daß das also gesprochene Wort von der erhofften Wirkung begleitet sein wird, als es aus einheitlicher Ueberzeugung geboren, sich an eine einheitlich geschulte große Gemeinschaft wendet. Läge der Boden für eine Organisation des protestantischen Bekenntnißkörpers in gleicher Weise geebnet, wir könnten dem endlichen Ausgang der Krise mit ganz anderer Gelassenheit entgegensehen. Wie die Dinge nun aber, Gott sei es geklagt, stehen, ist nicht einmal an ein Zusammengehen des in zahlreiche Denominationen, Fraktionen und Fraktiönchen zersplitterten Protestantismus, geschweige denn an eine gemeinsame Thätigkeit mit der katholischen Kirche zu denken. Dafür sorgen dort der der Orthodoxie so feindselige Halb- und Unglaube, hier die durch den Ausgang des Kulturkampfes zur Siedehitze gesteigerte konfessionelle, immer von neuem die Bahnen zeitgemäßer und wahrhaft konservativer Politik durchkreuzende Eifersüchtelei.... Mit ganz besonderer Freude begrüßen wir unter dem Aufruf des Volksvereines die edlen Namen Ballestrem, Galen und Hoensbroech. Erkennen wir doch an deren Auftreten die echte Volksthümlichkeit, deren sich der katholische Adel unter seinen Glaubensgenossen erfreut.... Wer der Autorität, die er für die höchste, für die himmlische auf Erden erkennt, treu bleibt, in welcher Gestalt immer ihm die Versuchung zum Abfall nahen mag, ob bedrohend oder schmeichelnd, der erwirbt damit den höchsten Anspruch auch auf die Hochachtung derer, welche Gott selbst zur Vertretung anderer Standpunkte berufen. Der katholische Adel hat Treue gehalten in schwerer, drangvoller Zeit, hat sich durch keine Verkennung auch im eigenen Lager von dem Wege, welchen er für den gegebenen hält, ablenken lassen. Er erntet nun darin die Krone der Anerkennung nicht blos der ihm angeborenen Gefolgschaft, sondern auch von mancher Seite, die einst ihm im heißen Kampfe gegenüber gestanden. Während der Opportunismus oft geradezu heillose Begriffsverwirrung und Ohnmacht in die Reihen der Partei trug, welche man einst, ob auch die „kleine", so doch die „mächtige" geheißen, hat die Prinzipientreue unserer katholischen Standesgenossen die Fahne, welche sie hochgehalten im Sturmwind der Zeit, mit unverwelklichem Lorbeer umkränzt. Möchte das damit gegebene glänzende Beispiel, dem der moderne Realist, mit wie süß saurer Miene es auch immer geschehen mag, den Erfolg niemals wird abstreiten können, des nachhaltigsten Einflusses auch auf die Standesfreise nicht verfehlen, welche ihr angeborenes Bekenntniß anderen Bannern folgen läßt.

Im Jahrgang 1890 ist es noch zweckentsprechend erschienen, einen solchen Artikel — den ersten ballon d'essai — ohne Namenschiffre zu geben. Im Jahrgang 1891 aber tritt der uns bereits durch seine Artikel über die römische Frage und das schwarze Kartell bekannte Herr R. v. R. auch in dieser Art der Reklame offen als Wortführer hervor. Es geschieht zuerst mit dem Artikel in Nr. 40: „Der katholische Adel und die öffentlichen Kundgebungen des katholischen Volkes." Es sind die bekannten Vorgänge bei der Trierer Rockausstellung und der (von dem „freisinnigen" Bürgermeister so warm begrüßten) Danziger Generalversammlung gemeint. Aber so bekannt dieselben auch sind, so ist doch die Art der Darstellung derselben in einem vorwiegend für protestantische Leser bestimmten Blatte gewiß ein recht eigentliches „Zeichen der Zeit".

Auch diesmal wendet Herr R. v. R. sich zunächst mit einer captatio benevolentiae an die protestantischen Leser, die mit seinem Plaidoyer für die Nothwendigkeit, daß die „katholischen" (will sagen päpstlichen) Interessen ihre Vertretung im A.B. finden müssen, auf gleicher Höhe steht:

Die Besprechung dieses Gegenstandes durch einen katholischen Leser des „A. B." wird diesem nicht ganz unerwünscht sein, selbst wenn es sich dabei um Kundgebungen handelt, deren Wesen und Bedeutung nur aus dem innersten Glaubensleben des katholischen Volkes zu verstehen sind.

Zwei solcher Kundgebungen sind es, welche in neuester Zeit das öffentliche Interesse in besonderem Maaße auf sich gelenkt haben, nämlich die am 20. August begonnene feierliche Ausstellung des heiligen Rockes zu Trier und die vom 30. August bis 3. September zu Danzig abgehaltene Generalversammlung der Katholiken Deutschlands. . . . .

Geben wir zunächst einige Belege für die Art und Weise, wie die Trierer Rockausstellung plausibel gemacht wird:

Für einen Katholiken, welchem die Verehrung Christi und der Heiligen, wie seine Kirche sie lehrt, in Fleisch und Blut übergegangen ist, versteht es sich ganz von selbst, daß er auch all' den Gegenständen, welche an dieselben erinnern, eine entsprechende Verehrung zollt. Weiß er doch, daß der liebe Gott nach seiner gewöhnlichen Heilsordnung seine übernatürlichen Gnaden nicht unmittelbar, sondern durch natürliche Werkzeuge vermittelt. . . . .

Entspricht es nicht den einfachen Begriffen von Pietät, wenn er den Wunsch hegt, solche Gegenstände zu sehen, womöglich zu berühren und zu küssen, und zwar mit der Bitte und in der Hoffnung, daß der Gottmensch, welcher sich dieser Gegenstände während seines irdischen Lebens bediente, in solchen Akten des Glaubens und der Liebe einen schwachen Beweis der ihm selbst gezollten Verehrung erkennen und durch Verleihung leiblicher und geistiger Gnaden vergelten möge? . . . .

Dem katholischen Volke Gelegenheit zu geben, in diesem Sinne seinem frommen Glauben Ausdruck zu verleihen und diesen Glauben noch zu erhöhen und in möglichst weite Kreise zu tragen, — das ist der Zweck der Ausstellung des heiligen Rockes in Trier, und wie es aus den Berichten der Augenzeugen hervorgeht, wird dieser Zweck in vollem Maaße, ja über Erwarten erreicht.*)

Aber nicht nur das Volk, wenn man hiermit hauptsächlich die unteren Schichten desselben versteht, sondern ebenso, oder gerade noch mehr die oberen Schichten desselben, die sogenannten Gebildeten, bedürfen einer solchen Belebung ihres Glaubens, denn wahrlich in der Sterbestunde ist für Hoch und Niedrig ein kindlich frommer Glaube mehr werth, als eine erleuchtete Kritik.

Es war daher ein sehr glücklicher Gedanke, den die Mitglieder der Rheinisch-Westphälischen Malteser-Genossenschaft und im Anschluß daran Mitglieder des Schlesischen Malteser-Vereins zur Ausführung brachten, als sie den Herrn Bischof von Trier um die Erlaubniß baten, in corpore an der Eröffnungsfeier der Ausstellung und an der von Bürgern der Stadt zu bildenden Ehrenwache beim heiligen Rock theilnehmen zu dürfen.

Der hochwürdigste Herr Bischof, das Domkapitel und die Bürgerschaft gingen sehr bereitwillig hierauf ein, und so schritten denn am 22. August 22 Malteser Ritter in ihrer rothen kleidsamen Uniform paarweise dem Herrn Bischofe voran, als dieser im feierlichen Zuge den festlich geschmückten Dom zur Abhaltung des Pontifikalamtes betrat, und nahmen die auf dem Chor für sie bereit gehaltenen Plätze ein.**)

Als nach Beendigung des Hochamtes und der vom Bischofe gehaltenen Ansprache dieser mit dem Domkapitel und der Domgeistlichkeit das hohe Chor hinaufstieg, um dem inzwischen enthüllten und hinter einer großen Glasscheibe vollkommen sichtbaren Gewande des Heilands seine Verehrung darzubringen, schlossen die Ritter sich sogleich an, und übernahmen nun, immer je zwei, der eine zur Rechten, der

---

*) Die Art dieser Einwirkung ist seither durch die tumultarischen Scenen in den Prozessen Reichard und Stöck noch deutlicher gekennzeichnet.

**) So unbedeutend diese Thatsachen an sich auch sind, so durfte doch eine Beschreibung derselben nicht wegfallen, welche in so naiver Weise die Verwandlung eines Gotteshauses in ein Schauspielhaus vorführt, und damit einen neuen päpstlichen Kommentar zu der ernsten Warnung des Herrn vor dem „von den Leuten gesehen werden".

andere zur Linken des Schreines, die Ehrenwache, welche mit 1½ stündiger Ablösung bis zum späten Abend dauerte.

Eine Ehre war es für die Malteser=Ritter, auf diese Weise zur Erhöhung der Feier beitragen zu können. Ein beglückendes Gefühl war es für sie, längere Zeit hindurch ganz nahe bei dem heiligen Rock verweilen zu dürfen, dessen Anblick die Erinnerung an das Leben und Leiden des Heilandes so mächtig wachrief, und eine besondere Freude mußte es ihnen sein, den Spott und Hohn mit den braven Bürgern von Trier zu theilen, welchen kirchenfeindliche Blätter sich nicht entblödet hatten, gerade in diesen Tagen über dieselben zu ergießen, weil sie es übernommen hatten, während der ganzen Ausstellungszeit bei Tag und Nacht eine Wache zur Ehre und Sicherheit dieses größten Schatzes ihrer Stadt zu bilden.....

Da hatten nicht fehlen wollen die bekannten parlamentarischen Vorkämpfer: Frhr. v. Schorlemer=Alst und Frhr. v. Heeremann, sowie die anderen Vertreter der ältesten katholischen Adelsgeschlechter Deutschlands: die Grafen Hompesch, Droste, Galen, Hoensbroech, Loe, Stolberg, Hatzfeldt, Korff=Schmising, Merveld, Velderdorff, Spee (die beiden letzten hatten sich als bayrische St. Georgsritter den Malteserrittern angeschlossen), Prinz Salm, die Frhn. v. Landsberg, Nagel, Stotzingen u. A. Wahrlich! das gläubige katholische Volk bewahrt, trotz aller die Welt beherrschenden destruktiven Tendenzen, noch einen zu richtigen Sinn, um nicht freudig und dankbar es anzuerkennen, wenn bei solchen öffentlichen Kundgebungen seines Glaubens auch diejenigen nicht nur nicht fehlen, sondern vorangehn, welche es gewohnt ist, im sozialen Leben hervorragende Stellungen einnehmen zu sehen.

Die wirkliche Bedeutung des prunkenden Schauspiels ist seither zur Genüge hervorgetreten*), und enthalten wir uns daher jeder Prüfung dieses Panegyrikus an den wirklichen Thatsachen. Um so weniger aber darf die Parallele der Trierer mit der Danziger „Heerschau" hier wegbleiben:

Vgl. meinen Barmer Vortrag über „die jüngsten Religionsprozesse und die ihnen zu Grunde liegende Rechtsmischanung" (Barmen, Wiemann).

Eine Generalversammlung der Katholiken Deutschlands ist keine rein religiöse Feier, wie die Ausstellung des heiligen Rockes in Trier. Aber dennoch sind die dortigen Verhandlungen, wenngleich sich an dieselben Abends gesellige Zusammenkünfte, wie die der Studenten, katholischen kaufmännischen Vereine, Gesellen-Vereine u. dgl. anschließen, getragen vom katholisch-kirchlichen Geiste, sodaß sie neben den mehr aufs Praktische gerichteten Beschlüssen, wesentlich auch zur Belebung und Erwärmung des kirchlich religiösen Sinnes der Mitglieder beitragen.

Während die Berathungen in den Ausschüssen und geschlossenen Versammlungen zur Erreichung jener Zwecke dienen sollen, sind es die Vorträge in den öffentlichen Versammlungen, durch welche die kirchliche Gesinnung in weitere Kreise getragen wird. Alles greift aber in einander und bildet ein harmonisches Ganze. Zwar liegt die Leitung in der Hand einiger bewährter Männer, durch welche die Traditionen der früheren Versammlungen immer wieder auf die neue Versammlung übertragen werden, aber dabei herrscht im gegenseitigen Verkehr der Mitglieder aus allen Ständen eine große Freiheit und wohlthuende Ungezwungenheit. . . . .

Wie in Trier, so war auch in Danzig der Adel verhältnißmäßig recht zahlreich vertreten. Zum Vorsitzenden wurde der Graf Rechberg-Rothenlöwen aus Würtemberg gewählt, und neben dem ständigen Kommissär, dem unermüdlichen und für die Sache der Kirche zu jedem Opfer bereiten Fürsten Karl zu Löwenstein, sah man die altbewährten Führer, Frh. v. Schorlemer, Graf Ballestrem, Frh. v. Heeremann, Frh. v. Wendt, v. Kehler u. A., wie Prinz Salm, Graf Stolberg, Graf Krilecki, Graf Sezaforchy, Graf Droste, Graf Schmising u. A. mehr.

Um das den evangelischen Standesgenossen in Trier und in Danzig gegebene Vorbild noch vorbildlicher zu machen, giebt derselbe aus der evangelischen Kirche ausgetretene Verfasser ferner noch eine Uebersicht über die „katholischen" Adelsgenossenschaften. Dieselbe muß freilich damit beginnen, daß auch diese Seite der socialen Thätigkeit der Papstkirche — genau ebenso wie in der inneren und äußeren Mission, der Schul- und Preßarbeit — erst aus der Nachahmung der vorher auf evangelischem Boden vorhergegangenen Arbeiten erwachsen ist. Das hindert aber natürlich nicht, daß der bei allen päpstlich gesegneten Unternehmungen übliche Reklamenstyl alsbald wieder herausgekehrt wird:

Angeregt durch die vom Könige Friedrich Wilhelm IV. in's Werk gesetzte Reorganisation des protestantischen Johanniter-Ordens fand im Laufe der 50er Jahre die Gründung der Rheinisch-Westfälischen Malteser-Genossenschaft und einige Jahre später die Gründung des Vereins der Schlesischen Malteser-Ritter mit dem besonderen Zweck der Krankenpflege im Kriege und Frieden statt.

Diese beiden, aus Ehrenrittern des Malteser-Ordens bestehenden Vereine, welche im organischen Verbande mit dem hohen Meisterthume des Ordens in Rom stehen und durch Stiftung und Unterhaltung von Krankenhäusern auch in Friedenszeiten fortdauernd segensreich wirken, bilden mit dem Bayrischen St. Georgsorden zusammen drei, dem Westen, Osten und Süden Deutschlands entsprechende Gruppen zur Vereinigung solcher Mitglieder des katholischen Adels, welche sich einer bestimmten Ahnenprobe unterziehen.

Neben diesen Vereinen von Ordensrittern haben sich in ähnlicher Gruppirung nach Landestheilen drei Vereine katholischer Edelleute mit ihren Sitzen in Münster, Breslau und München gebildet, welche sich die besondere Aufgabe gestellt haben, das kirchliche und standesmäßige Leben mit den daraus folgenden Pflichten unter ihren Mitgliedern zu fördern. Als eine Frucht dieser Vereine, besonders des bereits mehrere Jahre vor Beginn des sogenannten Kulturkampfes gegründeten ersten dieser Vereine, ist die hervorragende Betheiligung vieler Mitglieder des katholischen Adels an den kirchenpolitischen Kämpfen und an dem katholischen Vereinsleben zu betrachten. Denn gerade die Pflicht des Adels, am öffentlichen Leben, besonders im kirchlichen Interesse, theilzunehmen, bildete einen Hauptgegenstand der Besprechungen in den betreffenden Vereinsversammlungen, und auf die Erfolge, welche neben anderen auch gerade auf diesem Gebiet erzielt worden sind, können diese Vereine mit voller Genugthuung blicken.

Erst unter dem (dieser ganzen Beschreibung ihren Charakter aufprägenden) Gesichtspunkte der Beeinflussung des evangelisch-konservativen durch den klerikalen Faktor gewinnt nun auch der Abdruck der „Erklärungen des Herrn Frhrn. v. Schorlemer-Alst über das landwirthschaftliche Genossenschaftswesen" mit den Randbemerkungen des Frhrn. von Broich (1889 Nr. 44) sein volles Verständniß. Ebenso hätte eigentlich schon die Art der Nekrologe der Herren Graf Schmising-Kerssenbrock (1889 Nr. 45 S. 761) und von Frankenstein (1890 Nr. 5 S. 65) zu der Frage führen müssen, wo das evangelische Bekenntniß heimgegangener Führer des Protestantismus eine ähnliche Würdigung erfahren hat. Erst der Jahrgang 1891 aber hat wieder in dem Artikel über „den Heimgang des Abgeordneten Dr. Windthorst" (S. 196) die nunmehrige offene Parteistellung zu klarem Ausdruck gebracht.

So viel Belangreiches aber der Jahrgang 1891 auch noch weiter gerade unter dem von der Redaktion selbst nahegelegten Vergleich der Behandlung „katholischer" und evangelischer Lebensfragen enthält, so müssen wir uns doch abermals mit dem bloßen Hinweis auf einige andere, noch besonders in Betracht kommende Artikel begnügen. So auf denjenigen über „Die wahre Bedeutung der päpstlichen Encyklika" (S. 427) und auf die drei Artikel über den „Dorfpfarrer im Kampf gegen die Socialdemokratie" (S. 678. 695. 716). Nur bei der „Organisation der katholischen Liebesthätigkeit" (Nr. 43 S. 763,4) sei uns noch einen Moment zu verweilen gestattet. Die Aufforderung zur „organischen Vereinigung der charitativen Werke" ist ausgegangen von dem Jesuitenpater Ehrle und dem Pfarrer Ratzinger, der vor 1870 auch evangelische Liebeswerke anzuerkennen gewagt hatte, nach 1870 sein Werk auch in diesem Punkte auf der Basis des Unfehlbarkeitsdogmas umgestaltet hat. Als auswärtige Vorbilder werden die Londoner Charity Organisation Society und die ähnliche Pariser Centralstelle hervorgehoben. Dann folgt ein Bericht von Hitze im „Arbeiterwohl". Aus demselben sei wenigstens — in Parallele zu der Begründung des Malteserordens — der Thatsache gedacht, daß auch hier die verachtete und verschriene evangelische Kirche in der wirklichen Liebesarbeit (für die sie das lateinische Epitheton der Charitas so wenig bedarf wie der prunkenden Aushängeschilder) vorangegangen ist:

Die evangelische Kirche in Deutschland hat eine Organisation ihrer Wohlthätigkeitsbestrebungen in der sogenannten inneren Mission mit dem Berliner Centralausschuß und den Provinzialausschüssen sowie einer Zeitschrift: „Fliegende Blätter aus dem Rauhen Hause". Die öffentlichen Armenverwaltungen Deutschlands sind seit 11 Jahren in dem „deutschen Verein für Armenpflege und Wohlthätigkeit" mit seinen Jahresversammlungen zu einer Gemeinsamkeit gelangt. Auf katholischer Seite hat sich der Segen einer einheitlichen Organisation recht deutlich gezeigt in der großen Blüthe der Vinzenz-Vereine und der Gesellen-Vereine. Das Beispiel von draußen und die (leider noch beschränkten) Erfahrungen im Innern weisen auf den Weg der Zusammenfassung, des Gedankenaustausches, des Handinhandarbeitens.

Wir verbinden damit noch die „Grundrisse" der in Zukunft geplanten Organisation:

Das „Arbeiterwohl" zeichnet die Grundrisse des Organisationsplanes folgendermaßen: I Oertliche Verbände aller Wohlthätigkeitsbestrebungen eines Bezirkes, etwa eines Dekanates; II Fachverbände innerhalb größerer Bezirke, etwa eines Bisthums, für die einzelnen Klassen der Wohlthätigkeitseinrichtung, z. B. eine Diözesan-Konferenz der sämmtlichen Kinder-Erziehungsanstalten, eine Diözesan-Konferenz der Magde-Hospize 2c. Den Mittelpunkt für die sämmtlichen Diözesan-Gruppen würde der Bischof bilden, unter dessen Vorsitz sach-

kundige, von ihm berufene Personen die Gemeinsamkeit aller Liebes=
werke zu leiten hätten.

Bei dieser zweifachen Gliederung wäre der Zugang zur Orga=
nisation auch von zwei Seiten möglich. Einerseits kann unter
bischöflicher Autorität die Einrichtung von Diözesan=Verbänden in die
Wege geleitet werden; andererseits kann, auch für sich allein, die
Begründung örtlicher Vereinigungen von den Trägern der Charitas
in einem bestimmten Bezirk in die Hand genommen werden.....

Als Hindernisse dieser neuen Centralisirung kennt der
Verfasser nur die partikularistische und egoistische Eifersucht.
Dafür weiß er von der „katholischen Presse" zu rühmen, daß
sie jene Vorschläge „mit gewohnter Disciplin und Begei=
sterung" unterstütze. Zum Belege folgt ein Artikel aus
dem „Westph. Volksblatt". Das Schlußwort begrüßt die
neuen Bestrebungen als Gegenmittel „vor dem gänzlichen
Schiffbruch, der sich auf fast allen Gebieten des öffentlichen
Lebens mit unheimlicher Schwüle ankündigt".

Im Jahrgang 1892 ist das Interesse für „katholische"
Einrichtungen bereits derart gestiegen, daß die Nr. 18 so=
gar eine warme Empfehlung des Würzburger Julianums
als adliger Erziehungsanstalt bringt. Ich will zugeben,
daß wenige Leser des A.B. sich daran erinnern oder über=
haupt davon wissen mögen, wie die Stiftungsurkunde von
1607 mitten in die Zeit der gewaltthätigen Gegenrefor=
mation im Würzburger Stift fällt, die sich obenan gegen
den eingesessenen evang. Adel richtete und bald genug die
entsetzlichsten Hexenprozesse, von denen wir neben den Trie=
rer und Bamberger wissen, in ihren Dienst stellte. Daß
aber die Redaction eines paritätisch sein wollenden Blattes
bei der ausführlichen Wiedergabe der Statuten des Julia=
nums nicht stutzig geworden ist, sollte doch jedes evange=
lische Mitglied der Adelsgenossenschaft stutzig gemacht haben.

Es scheint dies jedoch so wenig der Fall gewesen zu sein, daß gerade von jetzt an (während in der gleichen Zeit von den zahlreichen Schöpfungen der evangelischen Kirche nirgends die Rede ist) eine solche Fülle von Artikeln im päpstlichen Interesse sich anreiht, daß sie in einem Organ der Centrumspartei kaum überboten werden kann. In Nr. 23 wird die Janssen'sche Biographie des Grafen Friedrich Leopold Stolberg empfohlen und ihr speciell jene Aeußerungen über den Adel entnommen, die für seine religiöse Krankheitsgeschichte so schwer ins Gewicht fallen. Sie bilden zugleich den Hintergrund des in der folgenden Nummer sich anschließenden Artikels über „den Adel und das Tagesgeschrei". In Nr. 25, 26 tritt dann Herr R. v. R. abermals ins Vordertreffen mit den Artikeln über „die französischen Monarchisten". In der uns schon bekannten Weise werden hier die Vordersätze des Aufsatzes „Größenwahn und Kleinmuth" in Nr. 21 für die Konsequenzen des auf dem Wege nach Rom vorangegangenen Verfassers verwerthet. Umgekehrt sekundirt dann jenen Artikeln wieder derjenige in Nr. 29 über die weiße Fahne und den Vatikan. Zwischeninnen wird in Nr. 28 unter der harmlosen Aufschrift „Johannisfeuer" eine Rede des Herrn von Schorlemer-Alst über die Vortheile des „katholischen Lebens" untergebracht.

Nr. 30 bringt wieder einen ausführlichen Bericht über die „Feier des 25 jährigen Bestehens des Vereins der schlesischen Malteser-Ritter". Einen ähnlichen Bericht über eine Johanniter-Versammlung haben wir bisher nicht gefunden. Wohl aber wird es als ein glücklicher Gedanke bezeichnet, daß jene Versammlung, der sich überdies diejenige des Vereins katholischer Edelleute anschloß, gleichzeitig mit den Renntagen in Breslau angesetzt war.

In Nr. 36 folgt ein ähnlicher Bericht über die Theilnahme des österreichischen Adels an dem Katholikentage in Linz; in Nr. 40 über „die 25 jährige Jubelfeier der Genossenschaft der rheinisch-westphälischen Malteser-Devotionsritter". Gleichzeitig beginnen unter der Aufschrift „die christliche Staatsordnung und der Liberalismus" Auszüge aus den Encykliken Leo's XIII von 1885 und 1888. Wie hier die Aufschrift den Inhalt eher verbirgt als andeutet, so in Nr. 46 in dem Aufsatz „Parlamente oder Berufskammern". Derselbe giebt nämlich einen Auszug aus den Ausführungen des Herrn Kaplans Oberdörffer.

Aber wir sind noch nicht zu Ende. In Nr. 47 und 48 haben sich zwei ersichtlich evangelische Mitarbeiter erkühnt, den Sieg des Semitismus im Olmützer Domkapitel bei der Wahl des Fürstbischofs Kohn zu beklagen. Alsbald kommt in Nr. 50 die Korrektur solcher „Aeußerungen, die geeignet sind, das katholische Gefühl zu verletzen".

Noch bei zwei andern Gelegenheiten konnte man beim ersten Blick einem evangelischen Bekenntniß zu begegnen glauben: in Nr. 45 über das Weihefest in Wittenberg und in Nr. 48 über Pfarrer Oberlin. Aber in welchem Sinn das Wittenberger Fest verwerthet worden ist, hat sich schon in der Strafrede in Nr. 49 an die rheinischen Konservativen gezeigt. Bei Oberlin aber wird das Vorbildliche nur in seinem Verhalten zu den Katholiken gefunden.

In der schon erwähnten Nr. 49 findet sich außerdem schon wieder eine Reklame für eine der — ein Verfahren wie dasjenige des Pfarrers Stöck in Trier erleichterndem — Anstalten: in der ausführlichen Beschreibung der „Feier der Einweihung des Malteser Kinderhospitals St. Anna zu Breslau". Wir heben hieraus noch einmal einige der einleitenden Worte hervor:

Diese kirchliche Feier, an welche sich ein vom hochwürdigsten Herrn Fürstbischof den Mitgliedern und Ehrengästen in seinem Palais gegebenes großes Festmahl von über hundert Personen schloß, war für den Verein von besonderer Bedeutung, weil sie demselben die Gelegenheit bot, in einer, durch den Eintritt resp. Wiedereintritt einer größeren Anzahl von Mitgliedern, vermehrten Stärke zu erscheinen.

Als nämlich Anfang der 70er Jahre der unglückliche sogenannte Kulturkampf sein Zerstörungswerk gegen die katholische Kirche begann, blieb auch der Verein der schlesischen Malteser-Ritter, diese Frucht des damals so blühenden katholischen Vereinslebens, von den kirchenpolitischen Kämpfen nicht ganz unberührt, was zur Folge hatte, daß eine größere Anzahl seiner Mitglieder, und unter diesen einige durch ihre sociale Stellung besonders hervorragende Persönlichkeiten, freiwillig aus dem Verein austrat.

Den Bemühungen des jetzigen hochw. Herrn Fürstbischofs, als der in allen kirchlichen Fragen für den Verein maßgebenden Autorität, ist es nun neuerdings gelungen, die bisher dem Wiedereintritt der ausgetretenen Herren entgegenstehenden Schwierigkeiten zu beseitigen. So konnte denn bei der erhebenden kirchlichen und der darauf folgenden glänzenden weltlichen Feier am 26. der Verein wieder in früherer Einigkeit vor seinem Diözesan-Bischof, der gleichzeitig Mitglied und Protektor des Vereins ist, erscheinen und von ihm in huldreichster Weise beglückwünscht werden.

Daß auch in diesem Falle wieder ein Stückchen der herkömmlichen Umkehr der Geschichte mit unterläuft, kann hier nur nebenbei bemerkt werden. Aber es ist immerhin ein starkes Stück, die Spaltung im katholischen Deutschland auf den Kulturkampf zurückzuführen, statt auf das vatikanische Dogma, für dessen verhängnißvolle Folgen gerade der nunmehrige Ehrenpräsident der schlesischen Malteser einen klareren Blick gehabt hatte als die Berliner Kirchenpolitik. Der Warnungsruf des Bruders des Herzogs von Ratibor, des damaligen bayrischen Ministerpräsidenten Fürsten Hohenlohe, kann doch noch so wenig vergessen sein, wie die Ablehnung des Kardinals Hohenlohe als preußischen Gesandten in Rom durch Pius IX.

Aber freilich — an die Stelle dieser alten Führer des deutschen Katholicismus, die noch wußten, was sie an Döllinger hatten, sind heute die — Konvertiten getreten. Als wenn es der Belege dafür noch nicht genug wäre, hat Herr R. v. R. noch einmal vor dem Schluß des durch seine Beiträge schon so reichlich gekennzeichneten Jahrgangs seine belehrende Stimme erhoben, in Nr. 51: „Das konservative Parteiprogramm in ultramontaner Beleuchtung".

Und noch haben wir bei diesem langen Verzeichniß eine wichtige Kategorie außer Acht gelassen. Es kommt weiter noch die Reklame für die spezifisch jesuitische Kontroversliteratur hinzu. Ich entsinne mich nicht, daß in der Rubrik „Blätter- und Bücherschau" jemals ein einziges wissenschaftliches Werk ernster protestantischer Forschung empfohlen worden wäre. Für den konvertirten Jesuitenpater von Hammerstein aber genügte sogar die auf die übliche Täuschung der protestantischen Leser berechnete Form der Annonce im Inseratentheile nicht mehr. Der Jahrgang 1892 bringt gleich in Nr. 3 eine überschwengliche Empfehlung seiner „vom Atheismus zum vollen Glauben" führenden „Gottesbeweise". Es heißt darin u. A.:

Ist es schon ein anerkennenswerthes Verdienst, wenn ein gelehrter Mann an der Leuchte der Wahrheit, die Irrwege einer falschen Wissenschaft bis in die verborgensten Winkel und Wurzeln hinein verfolgt und aufdeckt, so erreicht das Verdienst seine höchste Stufe, wenn diese Arbeit den verderblichen Irrthümern gilt, die den Kern aller Menschenwürde benagen und zerstören. In solcher Arbeit wird Gott Lob heutzutage viel geleistet, und L. v. H. ist einer der berufensten und gesegnetsten Vorkämpfer... Dies kann nur auf dem Berge der Wissenschaft geschehen und dies hat L. v. H. in einer Weise gethan, daß man erfreut und bewundernd seiner Führung folgt. ...

Mit alledem aber haben wir den Schwerpunkt der Beeinflussung der in ihrer großen Mehrzahl evangelischen Mitglieder der Adelsgenossenschaft durch die klerikalen Mitarbeiter des A.B. noch gar nicht gestreift. Dieser Schwerpunkt liegt vielmehr in dem Verhältniß dieses Blattes zu dem „Verein katholischer Edelleute".

In der ersten Zeit nach der Begründung der neuen Filiale dieses Vereins in Schlesien hat die Redaktion des „paritätischen" Blattes ersichtlich noch einen letzten Versuch gemacht, sich der Ueberwucherung durch die konfessionell päpstlichen Vereinsbildungen zu erwehren. In der Nr. 30 des Jahrgangs 1891 ist nämlich zu dem Bericht über die Begründung des schlesischen „Vereins deutscher Edelleute" ausdrücklich bemerkt (S. 521 2):

Wir können im Sinne der deutschen Adels-Genossenschaft und im Sinne der von ihr angestrebten Reorganisation des christlichen Adels deutscher Nation ohne Unterschied der Konfession, eine solche erneute Sonderbewegung im Stande unmöglich besonders beglückwünschen, wenn auch wir gerade sie vielleicht zu verstehen in der Lage sind . . . . Ist denn der Gedanke einer großen Genossenschaft, einer Korporation christlichen Adels deutscher Nation gar so unerfüllbar, so unpopulär, daß bei jedem neuen Reorganisationsversuche die verhängnißvolle Zersplitterung immer wieder zuerst in die Augen treten muß? . . . .

Wir wollen unsererseits auch dem neuerstandenen Vereine katholischer Edelleute gern und freudig zu Diensten stehen; wo immer es unserer fachjournalistischen und brüderlich-genossenschaftlichen Hülfe bedarf, wollen wir sie ihm nach besten Kräften zur Verfügung stellen, wenn wir auch im Standesinteresse aufrichtig gehofft und gewünscht hatten, den Verein katholischer Edelleute für Schlesien, wie er sich heute darstellt, als große und selbständige Landesabtheilung der deutschen Adelsgenossenschaft für Schlesien mit dem Sitze in Breslau erstehen zu sehen.

Bei dem Vorhandensein derart gewichtiger Bedenken war es freilich schon auffällig genug, daß im Folgenden nun einfach der Artikel der „Schlesischen Volkszeitung" Nr. 265 über die am 9. Juni stattgefundene Konstituirung jenes Vereins abgedruckt wird. Mit keiner Silbe werden die evangelischen Leser auf den Zusammenhang dieser neuen Vereinsbildung mit den klerikalen „Heerschauen" der Jahre 1889 und 1890 hingewiesen, und ebensowenig darauf, daß auch hier wieder das für die Schärfung des konfessionellen Gegensatzes so einflußreiche Konvertitenelement die bekannte Rolle gespielt hatte (speziell Graf Friedrich Stolberg=Stolberg, in dessen Hause sich die Theilnehmer nachher als Gäste zusammenfanden).

Aber jener schwache Anlauf zur Selbständigkeit ist überhaupt bald erlahmt. Ja, die Redaktion hat nicht einmal Bedenken gehabt, dem doch ebenfalls als Konvertit schon hinlänglich bekannten Herrn N. v. N. eine ausdrückliche Erwiederung auf jenes frühere Bedenken zuzugestehen. Wenn man bedenkt, daß den evangelischen Mitgliedern sogar im „Sprechsaal" eine Antwort auf den berüchtigten Jesuiten=Artikel verweigert wurde, so kann man nicht umhin zu gestehen, daß die „Parität" in dem im A.B. üblichen Sinne wieder glänzend gewahrt wurde. Genug, der Reklame=Artikel in Nr. 40 über die Trierer und Danziger Heerschau hat auch jenes redaktionelle Bedauern dahin beantwortet:

Der Erklärungsgrund für die Nothwendigkeit einer solchen engeren Begrenzung der katholischen Adelsvereine, besonders nach der konfessionellen Seite hin, ergiebt sich ganz von selbst, wenn man die an den katholischen Adel gerade in der jetzigen Zeit so zwingend herantretenden Pflichten in's Auge faßt, wie es u. A. in den vorstehenden Ausführungen versucht worden ist, an den Beispielen von Trier und Danzig zu zeigen. . . . .

Das Fortbestehen oder selbst die Neugründung von solchen katholischen Adelsvereinen zur Erreichung ganz besonderer Zwecke schließt aber durchaus nicht aus, daß katholische Edelleute auch der zur

Aufnahme von Edelleuten beider Konfessionen gegründeten „D. A."
beitreten sollten. ...

Es möge also jeder der verschiedenen Adelsvereine seine Ziele,
die ja vielfach zusammentreffen, mit den ihm zu Gebote stehenden
Mitteln verfolgen, und es möge für alle Vereine im Kampfe gegen die
gemeinsamen Feinde der Grundsatz gelten:
Getrennt marschiren
Gemeinsam schlagen.

Bald nachher finden wir die interkonfessionelle Ge=
nossenschaft sogar in der Frage der Fideikommisse auf die
Unterstützung jenes konfessionellen Vereins angewiesen. Man
vergleiche nur den diesbezüglichen Beschluß des Adelstages
vom 21. November 1891 (im Adelsblatt Nr. 48):

Zum Unterantrag: „Zu diesem Behufe soll ein Zusammenwirken
mit den Vereinen katholischer Edelleute, besonders mit dem für
Schlesien zu Breslau bestehenden, angestrebt werden," erhält Freiherr
v. Broich das Wort und befürwortet, in die zu Gunsten des eigent=
lichen Antrages gewählte Kommission zwei Fideikommisbesitzer zu
wählen, welche Mitglieder von Vereinen katholischer Edelleute sind.
Auch diesem neuen Antrage wird auf Befragen des Herrn Vorsitzenden
einstimmig entsprochen.

Wer nun aber ferner noch die Weiterentwickelung des
Verhältnisses zwischen den Vereinen katholischer Edelleute
und der Adelsgenossenschaft ins Auge faßt, wird kaum
umhin können, auch die kühnsten Rodomontaden der Mainzer
Versammlung über die Abhängigkeit dieser Abart der Kon=
servativen vom Centrum verständlich zu finden. In der
Geschichte der politischen Parteien dürfte kaum eine zweite
Erscheinung von so unfreiwilliger Tragikomik zu finden
sein. Auf der einen Seite eine der großen Mehrzahl ihrer
Mitglieder nach evangelische Gesellschaft, die kein innigeres
Bestreben zeigt, als, um einige den päpstlichen Interessen
dienende Mitglieder zu gewinnen, das eigene Bekenntniß
zu ignoriren! Auf der andern eine sich immer schroffer

abgrenzende und immer begehrlicher auftretende päpstliche Partei, die daneben aber die große Güte hat, einige wenige Mitglieder zugleich in jene andere Gesellschaft eintreten zu lassen, um neben der eigenen geschlossenen Organisation zugleich diese andere „paritätische" beeinflussen zu können. Das bekannte Zwickmühlespiel, mit welchem anderswo der demokratische Flügel des Centrums die Busenfreundschaft des Freisinns ausnutzt, ist hier noch um ein gutes Theil überboten. Die derart über den Löffel barbierten großen „konservativen" Politiker aber brüsten sich dabei noch geradezu mit ihrer unverbesserlichen Naivetät. Ja sie lassen im A.B. sogar die verschiedenen Stadien ihres Abhängigkeitsverhältnisses geradezu drastisch zu Tage treten.

Als im Jahre 1891 der Verein katholischer Edelleute in Schlesien begründet wurde, haben wir das Adelsblatt noch eine leise Klage ausstoßen hören. In dem Bericht über die weiteren Versammlungen dieses Vereins ist — der Belehrung durch Herrn R. v. R. völlig entsprechend — diese Klage völlig verstummt. Um so eifriger ist dagegen das Versprechen gehalten, jenem Verein „zu Diensten zu stehen". Gleich nach der offiziellen Rubrik „Deutsche Adelsgenossenschaft" wird im zweiten Jahre auch über die Versammlungen des Vereins katholischer Edelleute berichtet. Und was ist es, worüber dieser Verein aus seinen geschlossenen Verhandlungen dem „paritätischen" Bruder Mittheilung vergönnt? Ueber die zweite Versammlung des Vereins katholischer Edelleute, am 9. Juli 1892, heißt es in Nr. 29 des gleichen Jahrgangs u. A.:

Herr von Rochow lenkt die Aufmerksamkeit der Versammlung auf die Bestrebungen der D. A.G. und des mit der Letzteren verbundenen „Central Hilfsvereins" und hebt deren segensreiche Wirksamkeit und ihren konfessionell-paritätischen Charakter hervor. Diese Mittheilungen werden allerseits sympathisch begrüßt und geben zu einer Diskussion Anlaß, deren Resultat darin besteht, daß man zwar die Aufrechterhaltung der jetzigen Organisation der katholischen Adelsvereine für unbedingt nothwendig, aber dabei auch gleichzeitig die persönliche Betheiligung einzelner Mitglieder an jenen Bestrebungen, den Interessen des Vereins vollkommen entsprechend erklärt. . . .

Wer aber meinen möchte, daß einem solchen Verfahren gegenüber doch ein ironisches „Gar zu gütig" die einzig mögliche Antwort gewesen wäre, kennt seine Leute schlecht. Es kommt noch besser. Ueber die Generalversammlung des Vereins katholischer Edelleute in Münster am 3. Januar 1893 wird im Jahrgang 1893 Nr. 2 wieder ein Protokollausschnitt mitgetheilt. Abgesehen von dem Inhalt desselben, muß hier schon die geschickte Taktik auffallen, wie mit dem Beschluß des Adelstages über die Unterscheidung offizieller und nicht offizieller Veröffentlichungen der Adelsgenossenschaft umgesprungen wird. Der Bericht über jene Generalversammlung fungirt nämlich mit unter der ersten offiziellen Rubrik: „Deutsche Adelsgenossenschaft".

Das der Nr. vorgedruckte Inhaltsverzeichniß lautet wörtlich: „Deutsche Adelsgenossenschaft. Zur Jahreswende. Zwischen Dardanellen und Suezkanal. Der Edelmann als Royalist u. s. w." Unter jener ersten Rubrik finden sich die Tagesordnungen für die bevorstehenden Sitzungen der Abtheilung Berlin und der Bezirks-Abtheilung für Mittel- und Niederschlesien, sowie die Protokolle der „Sitzung der Bezirks-Abtheilung für Ostpreußen in Königsberg am 19. December 1892" und der „Generalversammlung des Vereins katholischer Edelleute zu Münster am 3. Januar 1893". Der Strich zwischen 3 und 4 ist allerdings etwas dicker als diejenigen zwischen 1 und 2, bezw. 2 und 3. Nach dem Inhaltsverzeichniß gehört aber der Verein katholischer Edelleute unzweideutig als ein Theil des Ganzen zur „Deutschen Adelsgenossenschaft".

Von nicht geringerem Interesse ist jedoch das Protokoll selbst. Es bringt zunächst eine in der Aera des „Geschäftskatholicismus" nicht unbelangreiche Empfehlung der Stuttgarter Lebensversicherungs- und Ersparnißbank. Dann hören wir weiter:

Herr von Rochow berichtet hierauf über die Bestrebungen der Deutschen A.G., des mit derselben verbundenen Hilfsvereins und des D. A.B., hob hervor, daß dieselben nicht nur auf Förderung der Interessen des norddeutschen und protestantischen, sondern des gesammten deutschen, also gleichzeitig auch des katholischen und süddeutschen Adels gerichtet seien und führte einige Beispiele dafür an, daß die in den Statuten ausgesprochene konfessionelle Parität auch in der Praxis innegehalten werde.

Der Redner theilt mit, daß von jener Seite ihm der Wunsch ausgesprochen sei, auf eine zahlreiche Betheiligung kath. Standesgenossen hinzuwirken und fordert die Versammlung auf, sich in ähnlicher Weise, wie es die letzte Generalversammlung des Vereins kathol. Edelleute in Schlesien gethan habe, zu Gunsten einer solchen Betheiligung auszusprechen. Den hiergegen erhobenen Bedenken einiger anwesenden und eines abwesenden süddeutschen Mitgliedes, dessen Zuschrift zur Verlesung kam, trat Frhr. von Schorlemer-Alst entgegen, welcher u. A. besonders hervorhob, daß es dem deutschen Adel nur dann gelingen werde, die ihm gerade jetzt zufallenden Aufgaben auf sozialem Gebiet zu erfüllen, wenn er, trotz der nun einmal bestehenden konfessionellen Unterschiede, die vielen, zu einem gemeinsamen Wandeln sich bietenden Gelegenheiten aufsuchen und zum Wohle des Standes so viel als möglich benütze.

Schließlich wurde der Vorschlag des H. Vorsitzenden angenommen, sich dahin auszusprechen: daß man zwar die Beibehaltung der jetzigen Organisation der katholischen Adelsvereine für unbedingt nothwendig erachte, daß aber gleichzeitig der persönlichen Betheiligung der einzelnen Mitglieder an jenen Bestrebungen durch Eintritt in die D. A.G. nichts entgegenstehe. .

Welche Zwecke die neuen „Vereine katholischer Edelleute" daneben im Einzelnen verfolgen, zeigte bereits die zweite schlesische Versammlung in dem Referat über „die bisher aus provinziellen Mitteln für katholische Anstalten gewährten Unterstützungen". Es ist bekanntlich eines der interessantesten Kapitel der interkonfessionellen Statistik, mit welcher Meisterschaft die päpstliche Politik es versteht, die Kosten für wirklich humane paritätische Anstalten auf Staat, Provinz und Gemeinde abzuschieben, um statt dessen die Steuerkraft der eigenen Gemeinde für ausschließlich konfessionelle Zwecke verwerthen zu können. Umgekehrt aber schätzte sich dann die deutsche Adelsgenossenschaft schon damals glücklich, die „Unterstützung eines verarmten Standesgenossen" jenem konfessionell katholischen Verein zu erleichtern. Und nun beachte man daneben die Zeit, in welcher der Verein katholischer Edelleute in Schlesien begründet wurde. Es ist die gleiche, in welcher der Zedlitz'sche Schulgesetzentwurf von dem als „Jagdgast" bei dem Fürstbischof Kopp verweilenden Minister ohne Betheiligung der amtlich mit diesen Aufgaben betrauten Räthe des Ministeriums vorbereitet worden ist. Der evangelische Oberkirchenrath seinerseits ist dagegen ohne Antwort geblieben, als er die bescheidene Bitte um Mittheilung der die evangelische Kirche berührenden Bestimmungen aussprach. In der gleichen Zeit sind ferner die sogenannten Sperrgelder in einem Betrage, der den in einem halben Jahrhundert vom G. A. V. mühsam aufgebrachten Unterstützungen evangelischer Gemeinden gleichkam, den Bischöfen zur Verfügung gestellt worden. Die wirklich davon betroffenen Pfarrer aber haben bald die Erlaubniß bekommen, auf den ihnen zukommenden Antheil für „fromme" Zwecke Verzicht zu leisten.

Das sich so pathologisch gestaltende Verhältniß zwischen Adelsgenossenschaft und Verein katholischer Edelleute hat uns chronologisch bereits über die Jahrgänge 1889 bis 1892 hinausgeführt. Wir werfen darum schließlich noch einen raschen Blick auf den eben begonnenen Jahrgang 1893. Wenn es überhaupt möglich wäre, die ultramontanen und welfischen Neigungen noch stärker in den Vordergrund treten zu lassen, als es im A.B. von 1892 geschah, so müßte man wirklich gestehen, daß der neue Jahrgang sich redlich darum bemüht. Gleich zu Anfang mußte (vgl. oben S. 99) aus dem Leserkreise heraus Protest erhoben werden gegen die in dem Aufsatz "Der Edelmann als Aristokrat" gegen den Ursprung des deutschen Reiches gerichteten Angriffe. Das in Zukunft angestrebte Verhältniß des Adels zu den andern Ständen aber kennzeichnet der Erstlingsaufsatz "Zur Jahreswende!" Führen wir denn aus ihm noch einmal einige Belege der "vornehmen" Tonart des A.B. an:

Geboren von der französischen Revolution, groß gesäugt mit dem Blute des Königthums, Adels- und Priesterthums, hat diese Bourgeoisie auch unserem Jahrhundert ihren Stempel aufgedrückt. . . .

Mögen sich die Herren nun deutschfreisinnig, nationalliberal oder freikonservativ nennen, — es ist doch im Grunde Alles, von Helldorff bis zu Eugen Richter, nur liberaler Opportunismus, nur liberale Bourgeoisie!

Der weitere Artikel "Glossen eines alten Royalisten zur Jahreswende" mündet in dem gleichzeitigen Angriff auf die beiden Reichskanzler: "Die modernen Träger der Staatsweisheit, Fürst Bismarck, der Freund des Herrn von Bleichröder, und leider auch der hervorragendste Vertheidiger der Firma Isidor Loewe, — Graf Caprivi". Die zweite Nummer bringt dann in der Fortsetzung des "Rückblicks" der Jahreswende auf das durch den Kreuzzugsplan des Grafen Zedlitz gesegnete Jahr 1892 u. A. die folgende Betrachtung:

Aus einem Ministerium der liberalen Bourgeoisie mußte der Vertreter des christlichen Staates und Königthums von Gottes Gnaden selbstverständlich ausscheiden. Das war Graf Zedlitz I. schon seiner Ehre als Edelmann schuldig. Der christliche Adel deutscher Nation aber ist und bleibt ihm zu unvergänglichem Danke verpflichtet. Die große aristokratische That seines Volksschulgesetzentwurfes stellt sich nicht nur den herrlichsten Zügen christlichen deutschen Ritterthums im Mittelalter würdig an die Seite, sondern sie beweist auch auf das Glänzendste das historische Recht des Adels! Um der That des Einen willen wird dem Adel manche Sünde verziehen werden. Ein deutscher Edelmann war es, ein neuer Ritter St. Georg, der in einer Zeit allgemeiner Zersetzung und Versumpfung dem „mammonungfütterten Drachen des Zeitgeistes" mit Schild und Speer christlichen Glaubens treu und fromm gegenübertrat — mit leuchtenden Buchstaben hat es Clio in ihre Tafeln gegraben!

Und was hatte denn nun die Regierung von dem sich so wild und krafttrotzend geberdenden Liberalismus eigentlich zu befürchten?

Man verzeihe uns das harte Wort: uns erinnert diese Kapitulation an die Fabel von dem Esel im Löwenfelle. Die Regierung ist das Opfer einer akustischen Täuschung geworden: Sie hielt das Gewieher des Grauthieres für das Gebrüll eines Löwen.

Wenn im Vorhergehenden besonders diejenigen Gesichtspunkte berücksichtigt sind, bei welchen die Verläugnung des evangelischen Glaubens, wenn nicht gar der offene Verrath an der evangelischen Kirche in Frage kommt, so verlangt es die Pflicht des Historikers, es schließlich nachdrücklich zu betonen, daß sich daneben doch auch ganz andere Dinge im Adelsblatt finden. Für viele der in demselben vertretenen Forderungen könnte ich sogar persönlich wirkliche Sympathie empfinden. Wo der konservative Standpunkt dahin verstanden wird, daß an die wirklich praktischen Verhältnisse und Bedürfnisse angeknüpft werden soll, statt von den abstrakten Theorien der liberalen Schuldoktrin auszugehen, wird überhaupt gewiß jeder Mann mit geschichtlichem Sinn den diesbezüglichen Ausführungen auch im A.B. volles Verständniß entgegenbringen. Wer auf der Grundlage der Reformation seine Stellung nimmt, steht zudem selbstverständlich in dem schärfsten principiellen Gegensatz gegen die aus der Gegenreformation erwachsene Revolution. Von hier aus ergiebt sich weiter die Unterstützung alles dessen, was den „rocher de bronce" der Krone, die Erhaltung des militärischen Geistes im Volke, die Errettung der Landwirthschaft vor dem Börsen- und Wucherschwindel betrifft.

Wo die Adelsgenossenschaft derartige Bestrebungen verfolgt, wird es ihr auch außerhalb ihres Kreises an Unterstützung nicht fehlen. Ob die von der Redaktion des A.B. verfolgte kirchenpolitische Tendenz diesen Zwecken dient oder nicht, ist nunmehr der öffentlichen Beurtheilung unterbreitet. Der für dieselbe gewählte Titel seinerseits aber möchte neben der Mahnung zur eigenen Lektüre von Luther's gewichtigstem, nur zum kleinsten Theile wirklich erfüllten Reformprogramm zugleich die über ein ähnliches Thema wie das heutige schon 1826 veröffentlichte Schrift in Erinnerung rufen: „Vom Streite der Kirche. Eine Schrift an den christlichen Adel deutscher Nation."*)

―――――

*) Karl von Hase's Werke, Band X. Erster Halbband, S. 1 bis 110.